DOIS
DE
NÓS

DOIS DE NÓS

Gustavo Pinheiro

Cobogó

COLEÇÃO DRAMATURGIA

Sumário

Apresentação,
por Antonio Fagundes   7

DOIS DE NÓS   9

Apresentação

A gente nem imagina como devia ser difícil ler um texto de teatro até meados do século XVII. O papel era caro. Até a era de Gutenberg, os textos eram escritos a mão, o que encarecia ainda mais uma cópia. Todos os espaços eram usados sem cerimônia: uma palavrinha grudada na outra, textos compreendidos apenas se lidos em voz alta, procurando os sentidos, intuindo os finais de frase, imaginando as intenções. Até que os textos começaram a ser impressos.

Diz a lenda que foram os editores que inventaram as pontuações que conhecemos hoje em dia. Queriam com isso recriar a respiração, as pausas, a força do texto dito pelos atores em cena, dando ao público leitor a nítida impressão do entendimento de cada palavra pronunciada em cena: o ponto final encerrando a frase; a vírgula permitindo a respiração; o ponto de interrogação para a pergunta, o de exclamação para o espanto; a reticência para o pensamento vago. As peças foram divididas em atos, os atos em cenas, e de lá pra cá novos signos continuaram sendo criados. Rubricas: estados de emoção, gestos, movimentos, pausas, pensamentos secretos. Tudo isso foi acrescentado ao texto propriamente dito.

Hoje em dia vale tudo para que você tenha a exata compreensão do que está sendo dito, por quem está sendo dito, e como está sendo dito. Foram grandes conquistas. Principalmente por, acima de tudo, você ainda ter a oportunidade de, logo depois, assistir ao espetáculo montado com o texto que você acabou de ler, ou ao contrário: ler o texto do espetáculo que acabou de assistir.

Dois de nós estreou dia 5 de setembro de 2024 no Tuca, em São Paulo, com Antonio Fagundes, Christiane Torloni, Thiago Fragoso e Alexandra Martins no elenco, dirigidos por José Possi Neto com cenários e figurinos de Fábio Namatame, música original de André Abujamra amparados por uma equipe de 150 pessoas, e se você é nosso contemporâneo está com uma oportunidade única nas mãos: ainda estamos em cartaz. Você pode conferir o que nosso senso criador inventou com base no brilhante texto de Gustavo Pinheiro.

Se você é de outra era, ainda assim vai sair ganhando: todas essas conquistas tipográficas imaginadas ao longo dos últimos séculos vão te permitir inventar o seu próprio espetáculo até a próxima montagem.

Nós sabemos de antemão de duas coisas que podem acontecer com um bom texto de teatro: vê-lo descer do palco para as páginas de um bom livro emocionando um leitor atento ou vê-lo criar vida e subir ao palco encantando plateias.

Bom proveito.

Antonio Fagundes
Ator, produtor e diretor

DOIS DE NÓS

de Gustavo Pinheiro

*Para Antonio Fagundes e Alexandra Martins,
amigos e parceiros para quem este texto
foi escrito, e que embarcaram nessa viagem
comigo desde o primeiro minuto.*

Para Manuel Valle, sempre.

Quem é essa, agora, que dentro de mim me assusta
e me atrai? Sorrateira, ela sou eu.
O rio do meio, Lya Luft

Vivem em nós inúmeros.
Ricardo Reis (Fernando Pessoa)

O menino é o pai do homem.
Memórias póstumas de Brás Cubas, Machado de Assis

Aquela esperança de tudo melhorar
Pode esquecer
Aquela aliança você pode empenhar
Ou derreter
"Trocando em miúdos", Chico Buarque

Dois de nós estreou em 5 de setembro de 2024 no Tuca, em São Paulo.

Texto
Gustavo Pinheiro

Encenação e Direção artística
José Possi Neto

Assistência de direção
Antonio Fagundes

Elenco
Antonio Fagundes, Christiane Torloni, Thiago Fragoso e Alexandra Martins

Cenário e Figurinos
Fábio Namatame

Desenho de luz
Wagner Freire

Música original
André Abujamra

Desenho de som
LABSOM — Julia Mauro e Kleber Marques

Direção de arte visual
Ruan Oliveira

Foto de divulgação e cena
Renata Casagrande

Foto de arte visual
Caio Gallucci

Visagismo
Marcos Proença

Assistência de cenografia
Vitória Paiva

Cenotecnia
Alicio Silva

Modelagem de figurino
Juliano Lopes, Marlene Garcia e Lenilda Moura

Costura de figurino
Marlene Garcia, Lenilda Moura e Fernando Reinert

Operação de luz e som
Vanessa de Souza

Camareira
Helena Teodoro

Preparação física
Cau Saad / Instituto Cau Saad

Assessoria administrativa
Marcilene Oliveira

Assessoria contábil
José Aparecido Nogueira

Assessoria de imprensa
JSPontes Comunicação

Assistência de produção
Vanessa de Souza

Produção executiva
Alexandra Martins e Gustavo de Souza

Produção
Antonio Fagundes

Personagens

Pedro Paulo — Pepê aos 70 anos
Maria Helena — Leninha aos 70 anos
Pepê — Pedro Paulo aos 40 anos
Leninha — Maria Helena aos 40 anos

Música. Luzes se acendem e revelam o cenário: um quarto de hotel. A decoração neutra não permite reconhecer uma época específica.

No centro do quarto, o principal elemento: uma cama de casal. De um lado, uma penteadeira com espelho. Do outro, um aparador com um vaso de flores, uma jarra com água e copos.

Pedro Paulo e Maria Helena entram, às gargalhadas. A intimidade de um casal que volta de uma festa.
Vestida com elegância, ela traz nas mãos um par de sapatos de salto alto. Nas orelhas, ela tem lindos brincos, eles não são grandes, porém são marcantes. Ela não usa aliança.
Ele de smoking, com o laço da gravata desfeito em torno do pescoço. Ele também não usa aliança.

Aos poucos a música cede e se escuta a conversa deles, pega pelo meio.

MARIA HELENA:
Eu não acredito!

PEDRO PAULO:
Tô te falando! A Mariinha lá, gastando saliva, contando o pavor que sentiu quando eles deram de cara com o leão na África...

MARIA HELENA:
Ih, de novo isso...?! A Mariinha e as histórias dela...

PEDRO PAULO:
O Celso abriu um sorriso e ó, discretinho, [*faz o gesto*] foi tirando o aparelho de surdez do ouvido.

MARIA HELENA:
Não que ele já tenha escutado a Mariinha alguma vez na vida... Meu Deus, como eles ainda se aguentam?!

PEDRO PAULO:
Eu acho que o Celso fica com vergonha. Todo mundo sabe que eles nunca fizeram safári nenhum: eles estavam na serra! O Celso me disse que a Mariinha obrigou ele a desligar o celular para as pessoas acharem que eles estavam incomunicáveis na savana, imagina! O coitado ficou uma semana proibido de jogar Candy Crush!

MARIA HELENA:
Uma festa dessas... Pra quê?

PEDRO PAULO:
[*complacente*] São as bodas de ouro deles...!

MARIA HELENA:
Devem estar devendo o que têm e o que não têm...

PEDRO PAULO:
Dinheiro não é tudo, Maria Helena...

MARIA HELENA:
Só no clube estão com três mensalidades penduradas, que já me contaram. E tudo isso pra quê? Ostentar "felicidade"?

PEDRO PAULO:
Felicidade? Só se for pra eles, porque eu fui obrigado a ficar ouvindo as lorotas da Mariinha... e não tenho aparelho de surdez pra tirar do ouvido!

MARIA HELENA:
Taí uma coisa que você devia começar a considerar...

PEDRO PAULO:
Hein?!

MARIA HELENA:
Eu te chamei umas três vezes na mesa e você nem pra me responder.

PEDRO PAULO:
Eu tava ali fingindo interesse nas bobagens do Celso... O Celso tá cada dia mais chato!

MARIA HELENA:
Desde os tempos do "culégio" você fala mal dele... E olha que é seu melhor amigo, hein...

PEDRO PAULO:
Era! Não é mais!

MARIA HELENA:
[*sem levar a sério*] Ah, não...

PEDRO PAULO:
[*sério, beirando o ridículo*] Decidi: o Celso não é mais o meu melhor amigo.

MARIA HELENA:
E mudar de melhor amigo, Pedro Paulo?! Nessa idade? Você fala como se ainda tivesse muita opção...

PEDRO PAULO:
Eu sou capaz de fazer novos amigos!

MARIA HELENA:
Você é capaz de fazer novas hérnias. E olhe lá! Ninguém faz novos amigos aos 70 anos... Você não tem mais paciência pra ninguém.

PEDRO PAULO:
[*ofendido*] Eu?! [*muda o tom, reconhece*] Tem razão.

MARIA HELENA:
Eu não troco mais a Mariinha por nada. Deus me livre, que preguiça! Agora que eu já sei todos os defeitos dela?!... Se o preço é ficar ouvindo as mentiras da Mariinha, tá ótimo...

PEDRO PAULO:
O Celso sempre com as mesmas coisas: *squash*, colesterol, Apple Watch... Como é que uma pessoa pode mudar tanto e nem se dar conta?

MARIA HELENA:
Boa pergunta... Todo mundo muda, querido. Todos os nossos amigos mudaram. Você não viu o rosto da Lurdes?

PEDRO PAULO:
A gente nem sabe onde dar o beijo na hora de cumprimentar: não reconhece onde tá a bochecha, onde tá o queixo, onde tá o nariz...

Eles riem, cúmplices.

MARIA HELENA:
E o Alfredo? Com aquele implante de cabelo acaju?

PEDRO PAULO:
Seis fios duros pra cima. Parece que alguém enterrou uma escova de piaçava na cabeça dele.

Eles riem mais.

MARIA HELENA:
E casado de novo! Eu tava de papo com a Dora sobre Picasso e a menina — a nova mulher do Alfredo — se meteu perguntando se era uma série nova da Netflix. Logo o Alfredo!, ex-marido da Selma, professora de História da Arte!

PEDRO PAULO:
Depois que a gente come muito doce, dá vontade de uma coisinha salgada.

Eles riem de novo.

MARIA HELENA:
Bom, pelo menos o Alfredo teve a coragem de correr atrás da felicidade dele.

PEDRO PAULO:
Já o Celso...

MARIA HELENA:
Reparou como as pessoas olham espantadas pro Celso e pra Mariinha?! "Cinquenta anos de casados!", elas dizem, sem saber da missa a metade...

PEDRO PAULO:
[*insiste, condescendente*] Mas são as bodas deles!

MARIA HELENA:
[*repete, em tom efusivo*] "Cinquenta anos de casados!" A frase sai como um triunfo, mas ali, nas entrelinhas, dá pra sentir o tom de derrota: [*fala no mesmo tom efusivo*] "Quanto tempo perdido!", é o que elas tão pensando.

PEDRO PAULO:
Você tá exagerando...

MARIA HELENA:
E ainda tem aqueles que falam: "Só cinquenta anos? Achei que vocês estavam casados há mais tempo!"...uma maneira elegante de chamar os outros de velho, só pode ser...

PEDRO PAULO:
Eu não vi nada disso.

MARIA HELENA:
Claro que você não viu! Você sumiu boa parte da festa...

PEDRO PAULO:
Pelo amor de Deus, Maria Helena, hoje não!

MARIA HELENA:
Eu não tô cobrando nada! Nem posso! E nem quero! Mas por uma boa meia hora você sumiu, sim. Aliás, sumir em festa é sua especialidade. Sempre foi.

Pedro Paulo a ignora e muda de assunto.

PEDRO PAULO:
Eu ouvi muitos elogios à comida da Luli!

MARIA HELENA:
Ela pesou um pouco a mão no sal.

PEDRO PAULO:
Como você pega no pé da sua filha!

MARIA HELENA:
Eu vi gente deixando bacalhau no prato, o que é que eu posso fazer?! Até outro dia a Luli não sabia colocar água pra ferver, agora sabe demolhar bacalhau?

PEDRO PAULO:
[*orgulhoso*] É questão de tempo para o bufê dela ser o mais requisitado da praça!

MARIA HELENA:
Mariinha tinha pedido *îles flotantes* de sobremesa, a Luli insistiu nos ovos moles: encalhou.

PEDRO PAULO:
A menina é afilhada dela! Deixa que elas se entendem... Mariinha foi muito generosa em chamar a Luli pro *catering*, fez questão de pagar...

MARIA HELENA:
Mas era só o que faltava: eu montar uma cozinha industrial inteira, pagar Cordon Bleu — em Paris! — pra Luli ficar distribuindo bacalhau e ovos moles por aí... [*repete, lamentando*] Ovos moles, que ideia!

PEDRO PAULO:
[*muda o tom, sério*] Você fica menos bonita quando debocha dos nossos filhos.

MARIA HELENA:
Em primeiro lugar, eu tô pouco me fu...

PEDRO PAULO:
[*repreende*] Olhaaaa!!

MARIA HELENA:
[*conserta*] Eu tô pouco me lixando se você tá me achando bonita ou feia.

PEDRO PAULO:
Não foi isso que eu quis dizer.

MARIA HELENA:
Em primeiro lugar, foi-se o tempo, queridinho, em que eu me preocupava com a sua opinião. Em segundo lugar, eu não debocho dos "nossos filhos". Você não viu como o Júnior circulou pela festa? Um sedutor nato.

PEDRO PAULO:
[*convencido*] A quem será que ele puxou?...

MARIA HELENA:
Eu não dou dois anos para ele ser chamado pra sócio de um desses escritórios de advocacia com quatro sobrenomes na porta. Tenho certeza que ele vai fazer carreira defendendo esses políticos que pagam uma fortuna pra não ir em cana.

PEDRO PAULO:
[*irônico*] Quanto orgulho do nosso menino...

MARIA HELENA:
[*implica*] Você fica mais gagá quando debocha de mim. É impressão minha ou você tá com dor de cotovelo? [*implica mais, constatando*] Você tá com dor de cotovelo...!

PEDRO PAULO:
[*dissimula a contrariedade*] Dor é o que não me falta, mas no cotovelo não é uma delas.

MARIA HELENA:
Antigamente — bem antigamente! — era você que não podia entrar numa festa. Todos os olhos se voltavam pra você, lembra, Pedro Paulo? Mas as plumas do pavão caíram. Agora nem a garçonete que passa com o rissole para pra te servir...

PEDRO PAULO:
[*orgulhoso*] Eu é que não quis. Parei de comer frituras.

MARIA HELENA:
Você parou de comer os dois: frituras e garçonetes. [*segue implicando*] Já o seu filho... Será que o criador foi superado pela criatura?

PEDRO PAULO:
Aquele menino ainda tem que comer muita poeira pra chegar perto do que eu conquistei.

MARIA HELENA:
Ah, "conquistou"?! Pelo amor de Deus, Pedro Paulo, você só pode tá gagá mesmo...

PEDRO PAULO:
[*tenta engolir o orgulho, com dificuldade*] Ok, ok. O seu pai me deu uma "mãozinha" quando eu comecei.

MARIA HELENA:
[*ri*] Uma mãozinha? Ele te deu o braço inteiro! Meu pai te apresentou a todo o mercado publicitário!

PEDRO PAULO:
Ele me apresentou. Ponto. Mas eu tive competência pra ir fazendo a minha carreira.

MARIA HELENA:
Você era tão grato a ele...

PEDRO PAULO:
[*corrige, enfático*] Eu ainda sou muito grato a ele. E você sabe.

MARIA HELENA:
[*muda o tom, séria, repete*] Como é que uma pessoa pode mudar tanto e nem se dar conta?

Uma breve suspensão.

PEDRO PAULO:
[*muda o tom, carinhoso*] Já você, não mudou nada: sempre é a mulher mais linda da festa.

MARIA HELENA:
Eu sei.

PEDRO PAULO:
O vestido, os brincos...

MARIA HELENA:
[*cínica*] Gostou dos meus brincos?

PEDRO PAULO:
São lindos! [*vaidoso*] Fui eu que dei...?

MARIA HELENA:
[*cínica e misteriosa*] Pode se dizer que sim...

PEDRO PAULO:
[*mais vaidoso*] Logo vi, reconheci o bom gosto...

Maria Helena sorri, misteriosa, e começa a mexer na cama, ajeitar o travesseiro.

MARIA HELENA:
Chega, vai. Chega dessa conversa. Eu tô morta! Amanhã ainda tem que encarar a viagem de volta... Eu já tô por aqui com essa moda jeca de dar festa em resort. É uma deselegância obrigar os outros a dormir fora de casa.

PEDRO PAULO:
[*esboça uma sedução*] Você gostava tanto de uma cama de hotel...

MARIA HELENA:
Pra que cama de hotel, se eu tenho a melhor cama do mundo na minha casa?

Faz o tipo dengoso sedutor, ensaia fazer um carinho nela.

PEDRO PAULO:
Eu achei que nós dois...

MARIA HELENA:
Pode ir parando, Pedro Paulo, pode ir parando...

PEDRO PAULO:
Aqui... nesse hotel...

MARIA HELENA:
O que é que tem esse hotel?

PEDRO PAULO:
Não faz pose, Maria Helena... Você sabe muito bem...

MARIA HELENA:
[*sonsa*] Eu não faço ideia do que você tá falando...

PEDRO PAULO:
Da nossa lua de mel...

MARIA HELENA:
[*cínica*] O que é que tem?

PEDRO PAULO:
Vai fingir que não lembra que a nossa lua de mel foi aqui?

MARIA HELENA:
[*mais cínica*] Foi?? [*olha em volta*] Devem ter trocado o papel de parede.

PEDRO PAULO:
A nossa [*frisa*] inesquecível lua de mel...

MARIA HELENA:
Tão inesquecível que eu esqueci. Não me lembro de nada, nada, nada...

PEDRO PAULO:
Volta pra ginkgo biloba, Maria Helena! [*sedutor*] As nossas muitas luas de mel!

MARIA HELENA:
[*desdenha, ainda cínica*] Tudo minguante...

PEDRO PAULO:
Sempre que podia, a gente fugia pra cá!

MARIA HELENA:
[*fazendo tipo*] Triste coincidência.

PEDRO PAULO:
É claro que a festa de bodas do Celso e da Mariinha seria aqui! Quantos feriados a gente não veio pra cá com eles e as crianças?

MARIA HELENA:
[*ainda fazendo tipo*] Aaaahhh, lembrei! Nossa, esse hotel já era ruim, mas agora... [*torce o nariz*]

PEDRO PAULO:
Deixa de charme, Maria Helena, deixa de charme... A última vez que a gente veio foi... num Carnaval.

A fala de Pedro Paulo traz uma lembrança desagradável aos dois. Imediatamente, a expressão de ambos muda e os semblantes se fecham. Breve silêncio.

PEDRO PAULO:
[*sério, sincero*] Desculpa.

MARIA HELENA:
Eu queria ganhar um dólar cada vez que você me pede desculpa nessa vida...

PEDRO PAULO:
São sempre sinceras.

MARIA HELENA:
Já passou tanto tempo...

PEDRO PAULO:
Se você soubesse quanto eu me arrependo... Se eu pudesse voltar no tempo...

A fala de Pedro Paulo é uma senha para que Pepê e Leninha entrem imediatamente no quarto. Vestindo pijama, ele a carrega nos braços, vestida de noiva. Há serpentinas em volta do pescoço dele e confetes no vestido dela. Eles estão maquiados de Carnaval.

Pepê e Leninha têm alianças de casados nos dedos.

A partir de agora, Maria Helena e Pedro Paulo "assistem" a Pepê e Leninha como quem assiste a um filme: ao filme da vida deles próprios.

Pepê e Leninha, por sua vez, ficam alheios a Maria Helena e Pedro Paulo.

Leninha canta, carregada por Pepê.

LENINHA:
"Ó abre-alas que eu quero passar/ Ó abre-alas que eu quero passar/ Eu sou da *vida*, não posso negar..."

PEPÊ:
[*corrige*] Eu sou da Lira, Leninha! Da Lira!

Pepê se aproxima da cama, solta Leninha e se joga na cama ao lado dela, exausto.

LENINHA:
Ai, Pepê! Grosseria!

PEPÊ:
Mas não foi você quem pediu pra eu te trazer no colo?!

LENINHA:
Vê se é assim que um noivo entra no quarto de núpcias com a noiva?!

PEPÊ:
Leninha, nós não somos noivos! Nós casamos há dez anos!

LENINHA:
E aí, pronto? Acabou a fantasia?

PEPÊ:
Mas você não está fantasiada?!

LENINHA:
Você entendeu muito bem o que eu quis dizer...

PEPÊ:
Você viu quantos quilômetros a gente andou daquele baile de Carnaval até o quarto? A gente não, eu! Porque você veio no lombo do burro de carga aqui!

LENINHA:
Credo, que falta de romantismo!

PEPÊ:
Olha a injustiça, Leninha! [*indica as flores no vaso*] Ontem mesmo eu te dei flores! Poxa, você tá careca de saber que eu pinço a coluna quando eu pego muito peso.

LENINHA:
Tá me chamando de gorda?!

PEPÊ:
Eu? Eu, não! *Você* vive se chamando de gorda! *Você* vive dizendo que ainda não perdeu tudo que ganhou na gravidez da Luli. Eu?

Eu vivo te defendendo! De você mesma! Tô sempre falando: "Imagina, meu bem, não tá gorda!", "Imagina, meu bem, não tá gorda!". Na única vez que eu digo que você tá um pouquiiiiiiinho pesada... eu levo uma espinafrada? Aí fica difícil...

LENINHA:
Ih... Onde é que foi parar seu bom humor, hein?

PEPÊ:
Eu não tô entendendo, Leninha... O que é que tá pegando? Você me pediu pra me fantasiar pro Carnaval, eu me fantasiei...

LENINHA:
Pijama, Pepê? Pijama é fantasia de quê?

PEPÊ:
De doente!

LENINHA:
Ah, pelo amor de Deus!

PEPÊ:
Você pediu pra eu te trazer no colo, eu te trouxe...

LENINHA:
E me largou como se eu fosse uma jaca! Custa ser um pouco romântico? Cadê aquele cara que grava as fitas cassete, pra gente cantar no carro?

Breve silêncio entre os dois. Trégua.

PEPÊ:
Tá bom, vai... desculpa.

Maria Helena aponta para Pepê e sorri para Pedro Paulo, vingada. Pedro Paulo ri, de leve, com a implicância dela.

PEPÊ:
Desculpa. Eu tô cansado. As mentiras da Mariinha me tiram do sério!

LENINHA:
É o jeito dela, fazer o quê?!

PEPÊ:
Ela devia trocar a fantasia de Colombina pela do Pinóquio!

LENINHA:
Esquece isso. Ela e o Celso são nossos melhores amigos.

PEPÊ:
O Celso tá cada dia mais chato! Decidi: o Celso não é mais o meu melhor amigo.

LENINHA:
Mudar de melhor amigo, Pepê, na sua idade?

Pepê estranha o cheiro e respira umas duas ou três vezes.

PEPÊ:
Tá um cheiro de cigarro nesse quarto...

LENINHA:
[*desconversa*] Não tô sentindo, não.

PEPÊ:
Não é possível, Leninha!

LENINHA:

Tô te falando, não tô sentindo... [*muda de assunto*] Ai, meu amor, eu tô um caco!

PEPÊ:

Cadê as crianças?

LENINHA:

Você não sabe que elas só saem da piscina quando a pele já tá toda enrugada?

PEPÊ:

Eu não gosto das crianças sozinhas na piscina! Criança na piscina é assim: distraiu e o pior acontece!

LENINHA:

Ai, Pepê, como você é dramático! Você não viu o trabalho que a Luli deu essa noite? Enquanto o Júnior dormia que nem um anjo, a menina com aquela chiadeira no peito.

PEPÊ:

Eu sei! Quem passou a noite em claro do lado dela fui eu!...

LENINHA:

Então! Aproveita pra descansar! Essas crises de bronquite dela são um saco! O *nécessaire* de remédios dela é maior que a minha mala!

PEPÊ:

Coitada da garota, meu amor, ela não tem culpa...

LENINHA:

Ela nunca tem culpa, né, Pepê? Viu as notas dela no "culégio"? Vai dizer que ela também não tem culpa? Compara o boletim do Júnior com o da sua filha, compara! Você defende demais essa menina. Vem! A gente tem uma meia horinha de sossego. Deita aqui juntinho. Tira um cochilinho...

PEPÊ:
E se a gente aproveitar essa meia horinha pra fazer uma coisa mais gostosa...?

Ele parte pra cima dela, querendo beijá-la.

LENINHA:
Mais gostoso que um cochilinho? Sexo a gente pode fazer em qualquer lugar. Até em casa! Mas dormir de tarde, no silêncio, numa cama de hotel... Eu adoro cama de hotel! [*e Leninha já está quase dormindo*]

PEPÊ:
Leninha, eu tô louco ou foi você quem pediu um pouco mais de romantismo?

LENINHA:
Dormir agarradinho também é romântico. Vem...

PEPÊ:
[*enigmático*] Bom... depois não reclama.

Ela se senta na cama.

LENINHA:
O que você quer dizer com isso?

PEPÊ:
Eu? Nada...

LENINHA:
Não, agora fala.

PEPÊ:
[*cínico*] Eu não tenho nada pra falar, já tava até tirando um "cochilinho".

LENINHA:
Responde: o que você quis dizer com isso?

PEPÊ:
O que eu quis dizer, Leninha, é que você tem todas as horas, todos os dias, todas as semanas pra tirar o seu "cochilinho". Eu saio pra trabalhar. As crianças vão pra escola. Por que você não tira esse "cochilinho" quando está sozinha em casa?

LENINHA:
E quem você acha que arruma a roupa, o jantar, a casa, as compras enquanto vocês estão fora?

PEPÊ:
Ah! A "dona Leninha" quer vida de madame...

LENINHA:
Peralá! Não é nada disso! Ao contrário!

PEPÊ:
Já viu quanto *você* gasta por mês, Leninha?

LENINHA:
Eu?! O dinheiro não é pra mim, é pra casa!

PEPÊ:
Enquanto isso, a inflação batendo 1.000% ao ano, o cruzeiro virando pó, eu me esfolando naquela agência de publicidade e

tendo que fazer "cassino" no *overnight* pro dinheiro render até o final do mês! Quem me dera! Quem me dera poder ficar em casa! Você não tem ideia do que é a minha vida, Leninha! Eu tô muito decepcionado com a sua ingratidão!

LENINHA:
O que eu quis dizer é que eu posso trabalhar, ajudar com as contas!

PEPÊ:
Você, Leninha? O que é que você sabe fazer?

Ela não responde de cara, se constrange.

LENINHA:
Justamente! Eu quero voltar a estudar, acabar a faculdade!

PEPÊ:
Eu te conheço, isso é fogo de palha!

LENINHA:
Eu posso falar com algumas pessoas...

PEPÊ:
Você fala isso da boca pra fora.

LENINHA:
De repente trabalhar meio período...

PEPÊ:
Quando eu te sugeri um trabalho, você foi? Não!

LENINHA:
Você me mandou ser fiscal do Sarney!!!

PEPÊ:
Teria prestado um grande serviço à nação!

LENINHA:
As crianças estão crescendo, Pepê. Estão ficando mais independentes. Eu vou ter mais tempo livre...

PEPÊ:
Nem pensar, Leninha. Nem pensar. Mulher *minha* não trabalha fora. Tá te faltando alguma coisa?

LENINHA:
Realização.

PEPÊ:
[*se vitimiza*] Ah, me desculpe se um marido, dois filhos e uma casa não te realizam.

LENINHA:
Não inverte o que eu disse, Pepê!

PEPÊ:
Eu ouvi muito bem o que você disse. [*alerta*] Leninha, Leninha... Faz ideia de quantas mulheres dariam um dedo pra serem casadas com um cara como eu? Um homem com um futuro brilhante pela frente... [*aconselha*] Pensa bem...

Ela muda de assunto bruscamente.

LENINHA:
Eu posso saber onde você se meteu?

PEPÊ:
Hã?

LENINHA:
Responde, Pepê, sem pensar: onde você se meteu?

PEPÊ:
O quê?!

LENINHA:
Agora, lá no baile. Você sumiu por uma meia hora. Aonde você estava?

PEPÊ:
Eu... Eu...

LENINHA:
É impressionante! "Capivara quando chora, jabuticaba diz amém!"

PEPÊ:
O quê?! Isso não faz nenhum sentido!

LENINHA:
[*insiste*] Não muda de assunto: onde é que você estava?

PEPÊ:
Eu fui à academia!

LENINHA:
Você? Você nunca vai à academia! Inventa outra!

PEPÊ:
Você tá desconfiando de mim?

LENINHA:
Eu deveria?

PEPÊ:
É claro que não! Eu não tô entendendo esse interrogatório.

LENINHA:
Então responde: onde é que você estava?

Ele se atrapalha, tudo leva a crer que esteja mentindo.

PEPÊ:
Eu... eu fui na recepção... eu... eu fui marcar uma massagem...

LENINHA:
Uma massagem?

PEPÊ:
Uma massagem pra você.

LENINHA:
Uma massagem pra mim?!

PEPÊ:
Uma massagem pra você hoje à noite.

LENINHA:
Uma massagem pra mim hoje à noite?!

PEPÊ:
Para de ser meu eco! Um presente!

LENINHA:
E por que você me daria um presente?

PEPÊ:
Mas não é você que vive reclamando da falta de romantismo, caramba?! Uma surpresa. *Era* surpresa. Mas você estragou tudo. Parabéns!

LENINHA:
Pepê, se você tá querendo me deixar culpada, não vai conseguir.

Leninha pega o telefone e aperta um botão.

LENINHA:
[*desconfiadíssima*] É do spa? Boa tarde, eu gostaria de confirmar uma massagem hoje à noite... Maria Helena. [*o semblante dela muda, arrasada, ela confirma*] Ah, tá marcada às 19 horas... Ok. Obrigada.

Ela desliga.

PEPÊ:
Tá vendo, meu amor? Tudo que eu quero é paz, é te fazer feliz. Cuidar de você, da nossa família. É pra vocês, por vocês, que eu dou duro naquele escritório. Você precisa parar de ver coisa onde não existe. Eu não tenho razão nenhuma pra desconfiar de você, assim como você não tem motivo pra desconfiar de mim.

Maria Helena interfere e, pela primeira vez, Pepê e Leninha olham para ela. A partir daqui, começa a interação entre os quatro.

MARIA HELENA:
[*ri*] Ai, Pedro Paulo, essa foi boa... A sua memória, quando não é falha, é bastante seletiva.

Pepê e Leninha repetem os diálogos que acabaram de acontecer.

PEPÊ:

Mas não é você que vive reclamando da falta de romantismo, caramba?! Uma surpresa. *Era* surpresa. Mas você estragou tudo. Parabéns!

LENINHA:

Pepê, se você tá querendo me deixar culpada, não vai conseguir.

Leninha pega o telefone e aperta um botão.

LENINHA:

[*desconfiadíssima*] É do spa? Boa tarde, eu gostaria de confirmar uma massagem hoje à noite... Maria Helena. [*uma breve suspensão*] Ah, não tem nada agendado? Ok... Obrigada.

Ela desliga.

PEPÊ:

Eu pedi pra eles marcarem, a mocinha da recepção se atrapalhou, esqueceu, sei lá o que é que aconteceu! O hotel tá lotado, é Carnaval, pombas! [*Pepê sai da defesa e parte para o ataque*] Já eu, não posso me distrair que você logo arrasta asa pra outro homem!

LENINHA:

Que conversa é essa?

PEPÊ:

É isso mesmo que você tá ouvindo! Agora vai se fazer de desentendida? Pensa que eu não vi? Eu vi! É só passar um cara qualquer que você já fica toda oferecida!

LENINHA:
Isso é um absurdo, Pepê!

PEPÊ:
Agorinha mesmo lá no baile! O Pierrô! O Pirata! O Saci! Você olha pra todo homem que passa, Leninha!

LENINHA:
Vai se tratar! Esse teu ciúme é doentio! Você precisa de terapia, isso sim!

PEPÊ:
Quer saber? Cansei de fazer papel de otário! Todo mundo rindo da minha cara! Você acha que eu nasci pra ser corno? Ninguém vai me colocar chifre! Nunca!

Pedro Paulo os interrompe.

PEDRO PAULO:
[*pondera, melancólico*] Trinta anos se passaram, Maria Helena.

MARIA HELENA:
É a nossa história, Pedro Paulo. Infelizmente.

Pepê se volta para eles.

PEPÊ:
Do jeito que vocês falam, parece que esse Carnaval foi uma tragédia...

Pedro Paulo faz um gesto sutil para Pepê não ir por esse caminho, mas é tarde demais.

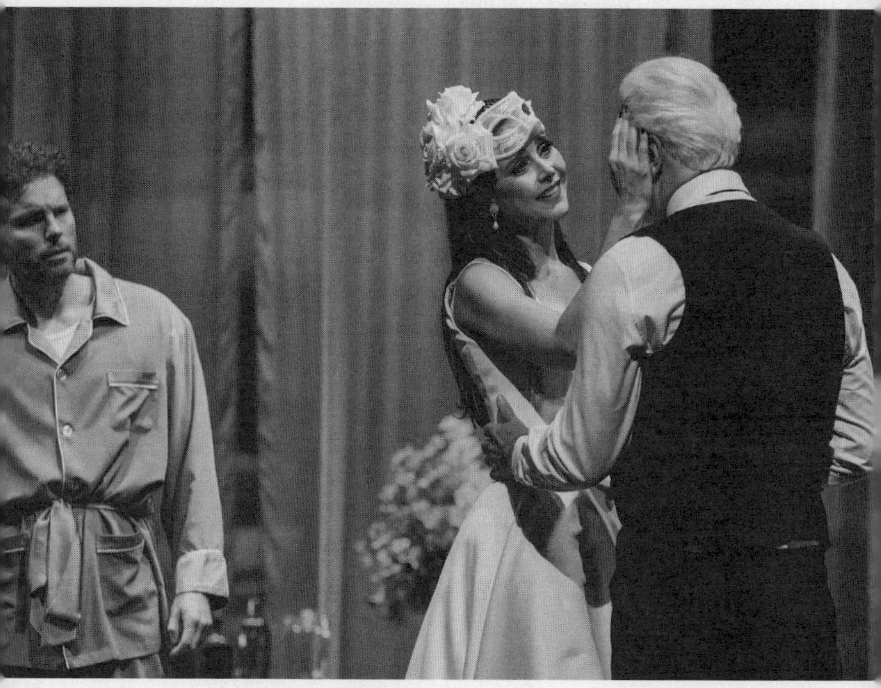

MARIA HELENA:
Você tem razão. Até aí tava tudo ótimo. [*para Leninha*] Tô errada?

LENINHA:
[*titubeia*] A gente tem nossas questões, claro, como qualquer casal, quem não tem?, mas nós somos... felizes.

Pedro Paulo faz um gesto pedindo "menos" a Pepê.

LENINHA:
[*à medida que fala, tenta se convencer também*] É, sim, a gente é feliz. [*pondera*] Contentes, com certeza. A gente... a gente ri de coisas bobas... a gente... a gente gosta de dançar, de dançar bolero. A gente faz viagens legais... Foz do Iguaçu, Bariloche... Itacaré, pra ver o cometa Halley...

Maria Helena se benze de desdém.

LENINHA:
Deitados na rede em Itacaré, vendo o dia escurecer, a lua nascer no mar, a brisa, o céu limpo, lotado de estrelas... Só nós e as estrelas. O Pepê tocando violão...

PEPÊ:
[*corrige*] É ukulelê, meu amor. Ukulelê.

LENINHA:
Foi nessa viagem que o Pepê encontrou um trevo, um trevo de três folhas, e me deu de presente. Eu achei graça e falei que

aquele trevo era um trevo comum, só tinha três folhas. Ele me olhou nos olhos e disse...

PEPÊ:
"É você quem completa a minha sorte."

MARIA HELENA:
E você acreditou... Eu não estou questionando a felicidade de vocês! De forma alguma! Vocês acham, sim, que são felizes. E isso tem lá sua beleza. O meu ponto é tudo que vem depois.

PEPÊ:
Depois? Nós não sabemos o que vem depois.

PEDRO PAULO:
Nós sabemos.

LENINHA:
É... é ruim?

MARIA HELENA:
Você tem tempo? Tem, que eu sei. Não, não é ruim. Ruuuuuim não é. [*para Pepê*] É... frustrante. Bastante. Bastante frustrante, por um lado. [*para Leninha, terna*] Mas por outro, por outro, é muito recompensador.

LENINHA:
As crianças... as crianças estão bem?

MARIA HELENA:
[*provoca*] As crianças estão bem, Pedro Paulo? Conta pra ela.

PEDRO PAULO:
Luli é uma cozinheira promissora.

Maria Helena respira fundo e revira os olhos, discordando.

PEDRO PAULO:
O Júnior é um advogado brilhante e...

Há algo que Pedro Paulo não consegue acabar de falar, interrompido pela euforia de Leninha.

LENINHA:
Eu sabia! Ouviu, Pepê?! Eu sabia! Claro! O Juninho é talentoso, esforçado, carismático...!

PEDRO PAULO:
[*para Maria Helena, sincero, como uma revelação*] Eu tinha me esquecido que você sempre preferiu o Júnior.

LENINHA:
Me mostra uma foto dele!

MARIA HELENA:
O meu iPhone tá sem bateria.

LENINHA:
[*perdida*] O seu o quê?!

MARIA HELENA:
Eu não tenho uma foto dele aqui.

LENINHA:
[*se choca*] Que tipo de mãe não anda com uma foto do filho na carteira?

MARIA HELENA:
Você precisa ser forte: ninguém mais "anda com foto" de papel. As pessoas mal têm carteira.

LENINHA:
Por quê?

MARIA HELENA:
Por que o quê?

LENINHA:
Por que é frustrante? Você disse que, por um lado, tudo fica frustrante. Por quê? Se as crianças estão bem...

MARIA HELENA:
Essa é a lição número um: nem tudo tem a ver com as crianças. Elas crescem. Vão embora. São corajosas, fortes. Mais corajosas do que fortes. De vez em quando ainda precisam de uma ajuda e nós estamos lá pra socorrê-los. Geralmente, com dinheiro. Mas com o tempo fica claro que a gente virou mais uma obrigação na agenda deles. O almoço de domingo não é mais um prazer: é um compromisso. Mais um compromisso na semana atribulada deles. Como o imposto de renda ou a depilação. E o almoço semanal acaba se tornando quinzenal e depois mensal, sem você nem se dar conta. Eles aparecem, trazem as crianças...

LENINHA:
[*eufórica*] Nós temos netos!!??

MARIA HELENA:
Eles são carinhosos, falam coisas engraçadas, apesar de estarem mais interessados no iPad.

LENINHA:
Quem pede?

MARIA HELENA:
Eles se esforçam para ser bons pais, tadinhos, mas são muito permissivos. Cedem ao primeiro choro, à primeira birra. Uma combinação desastrada de medo e culpa. Resultado: as crianças sapateiam na cabeça deles. Não tem muito tempo, a Luli foi chamada no "culégio". O garoto estava fazendo *bullying* com os outros na turma. A Luli lá, com aquela cara de espanto e pra você... pra você não é surpresa nenhuma que o seu neto possa fazer mal aos coleguinhas. Outro dia, acho que foi no Dia das Mães, o Pedrinho mostrou a língua pra gente, assim ó! [*põe a língua pra fora*] Não foi, Pedro Paulo?

Pedro Paulo confirma colocando a língua pra fora.

MARIA HELENA:
Nós ficamos tão chocados! A gente, claro, ficou esperando a Luli passar um carão no menino. Sabe o que ela disse? Que é fase e que não pode contrariar o garoto para ele não ficar traumatizado, "como eu fiquei", ela disse. Acredita? A pobre--menina-rica que teve tudo na vida ficou traumatizada! Mas na hora de brincar de dona de bufê, é na minha porta que ela bate. Assim, ó! [*põe a língua pra fora de novo*] Mas a gente é avó, não pode falar nada. Filho meu nunca faria isso!

LENINHA:
Você se esqueceu? O Júnior também vive mostrando a língua! Né, Pepê?

Pepê confirma, colocando a língua pra fora. Maria Helena se choca.

MARIA HELENA:
O Júnior? O Júnior jamais...

LENINHA:
O tempo todo! [*e põe a língua pra fora também*]

PEDRO PAULO:
[*se vinga*] Maria Helena, a sua memória, quando não é falha, é bastante seletiva.

MARIA HELENA:
[*ignora*] O que eu ia dizendo é que noves fora as crianças, vem a vida real. A vida real do casamento. [*ela se aproxima de Leninha, talvez pegue na sua mão*] E essa, minha querida, é implacável. Um joguinho cansatiiiivo... Contar até dez, relevar, deixar de dar uma opinião pra não brigar, sentir vergonha alheia quando ele cresce pra cima dos amigos e você sabe que é tudo fachada, flagrar ele espiando para alguma mulher de rabo de olho e ir empurrando pra debaixo do tapete, pra não se aborrecer. E a verdade é que, com o passar do tempo, você também olha...

LENINHA:
Eu?!

PEDRO PAULO:
[*enigmático*] Você vai olhar até para os homens que não deve.

PEPÊ:
Olha aí! É o que eu sempre digo!

PEDRO PAULO:
Cala a boca, pra não sujar pro seu lado...

Maria Helena olha bem para Leninha, quase emocionada, um momento das duas, talvez Maria Helena passe a mão sobre os cabelos de Leninha.

MARIA HELENA:
Eu já tinha me esquecido de como você é um *bijou*. Como você pode não se achar bonita, menina? Deveria ser proibido uma mulher dessa idade se achar velha... [*volta ao tom anterior*] Ah, minha querida, seria prático — fácil, até — dizer que a culpa é [*indica os dois*] dele, deles. Mas não é tão simples. *Eles* mudam sim, é verdade. Mas nós também.

PEDRO PAULO:
Opa! Isso foi um mea-culpa? É isso mesmo? Começamos a ouvir verdades por aqui, finalmente.

PEPÊ:
Não interrompe ela, cara!

PEDRO PAULO:
[*duro, para Pepê*] Não se mete, moleque. Eu tô até hoje pagando pelas cagadas que você fez.

LENINHA:
Mas... mas também tem o lado bom... não tem?

MARIA HELENA:
[*cínica*] Tem, Pedro Paulo? Porque agora a minha memória ficou seletiva meeeesmo...

PEPÊ:
[*para Leninha*] Você não vai acreditar nesses dois, vai? Meu amor, olha pra eles! A gente não tem nada a ver com eles!

Maria Helena ri, Pedro Paulo lamenta com a cabeça.

PEPÊ:
[*ainda para Leninha*] A gente é feliz! Você mesma falou!

LENINHA:
[*para Maria Helena*] Quando foi?

MARIA HELENA:
O quê?

LENINHA:
[*ainda para Maria Helena*] Quando foi que eu deixei de chamar ele de *Pepê*?

PEPÊ:
[*ainda para Leninha*] Eles são amargos! Infelizes! Nós, não!

Leninha se aproxima de Pedro Paulo.

LENINHA:
A porta da igreja se abriu. As primeiras notas da "Marcha nupcial", o cheiro dos lírios.... Eu fui caminhando com papai, as mãos suando de nervoso, eu fui olhando os nossos amigos — a alegria no rosto dos nossos amigos! —, todos tão felizes por nós dois. Quando a gente chegou no altar, ele me entregou pra você. Lembra do que o papai disse?

PEPÊ:
[*surpreso*] Ele disse? Eu... eu não lembro o que ele disse...

Pedro Paulo entrelaça seu braço no braço de Leninha, como se fosse o noivo.

PEDRO PAULO:
[*terno*] "Cuida dela enquanto houver amor."

LENINHA:
[*repete, confirmando, com um sorriso no rosto*] "Cuida dela enquanto houver amor." Você abriu o sorriso mais lindo do mundo, eu sorri também, claro. Eu fiz tantos planos pra gente. Como eu sonhei com esse dia... [*ela passa a mão no rosto dele, faz um carinho sincero*] O dia em que você ficaria assim: grisalho. Lindo! E eu do seu lado.

Leninha quase beija Pedro Paulo.

Pepê fica com ciúme.

PEPÊ:
Alôôôô! Leninha?!? Eu tô aqui!

LENINHA:
Pelo amor de Deus, Pepê! Ciúmes *dele*?!

O clima azeda.

Pepê repete as falas de anos antes, mas agora entrecortadas por Pedro Paulo, que tenta detê-lo.

PEPÊ:
É nisso que dá... é nisso que dá... eu não posso me distrair que você logo arrasta asa pra outro homem.

LENINHA:
Que conversa é essa?!

PEDRO PAULO:
[*para Pepê*] Cala a boca!

PEPÊ:
É isso mesmo que você tá ouvindo! Agora vai se fazer de desentendida? Pensa que eu não vi? Eu vi! É só passar um cara qualquer que você já fica toda... toda oferecida!

LENINHA:
Isso é um absurdo, Pepê!

PEDRO PAULO:
[*para Pepê*] Cala a boca, cara!

PEPÊ:
Agorinha mesmo, lá no baile! O Pierrô! O Pirata! O Saci! Você olha pra todo homem que passa, Leninha!

LENINHA:
Vai se tratar! Esse teu ciúme é doentio! Você precisa de terapia, isso sim!

PEDRO PAULO:
[*para Pepê, mais enfático*] Deixa de ser burro, cara!

PEPÊ:
Quer saber? Cansei de fazer papel de otário! Todo mundo rindo da minha cara! Você acha que eu nasci pra ser corno? Ninguém vai me colocar chifre! Nunca!

Mas desta vez Pepê vai além.

PEPÊ:
Sua... sua puta!

No impulso, Leninha cospe na cara dele, mas logo em seguida leva as mãos ao rosto, assustada com a própria reação.

Pepê tira a aliança do dedo e ameaça jogá-la pela janela, mas... é detido pela fala de Pedro Paulo.

PEDRO PAULO:
Não!!! Não faz isso!! Não faz isso, cara! Você vai se arrepender pelo resto da vida! Se você jogar essa aliança pela janela, ela nunca vai te perdoar.

MARIA HELENA:
Essa é a nossa vida, Pedro Paulo! Não adianta tentar mudar os fatos agora!

PEDRO PAULO:
[*ele a ignora e segue*] Se você atirar essa aliança, uma barreira se rompe pra sempre. Eu sei do que eu tô falando!

MARIA HELENA:
Você não pode mudar a nossa história!

PEDRO PAULO:
[*firme*] *Eu* não posso, mas *ele* pode. [*olha para Pepê*] Se você jogar essa aliança, ela passa a ficar com medo de você. De que esses rompantes de ciúme se tornem mais constantes, de que você possa ser agressivo com ela. Ou com as crianças. Você nunca seria, você sabe disso, no fundo talvez ela também saiba. Mas ela prefere não arriscar, claro. Se você jogar essa aliança pela janela, o caminho fica sem volta pra vocês. [*repete*] E você vai se arrepender pelo resto da vida.

Momento de suspensão. Pepê pousa a aliança no aparador.

MARIA HELENA:
Você jogou a aliança pela janela, espatifou o vaso de flores na parede e saiu batendo a porta do quarto. Você foi embora e me deixou aqui sozinha com as crianças. Como é que você teve coragem?

Leninha em estado de choque.

PEDRO PAULO:
[*para Pepê, sem alterar o tom de voz*] Eu odeio você.

MARIA HELENA:
Eu fiquei tão decepcionada... A única coisa que me ocorreu foi... foi rastejar no jardim atrás da aliança... pra te devolver, pra pedir pra você reconsiderar...

PEDRO PAULO:
[*surpreso com a informação*] Você nunca me devolveu a aliança.

MARIA HELENA:
Eu pensei melhor. Eu derreti a aliança.

Pedro Paulo, Pepê e Leninha se surpreendem.

MARIA HELENA:
Eu derreti a sua aliança e mandei fazer esses brincos. Não são lindos? De certa forma, sim, foi você quem me deu.

LENINHA:
Eu não tô entendendo mais nada.

MARIA HELENA:
[*para Leninha*] Ele decide morar num flat.

PEDRO PAULO:
[*para Pepê*] Imbecil.

Pepê em choque.

MARIA HELENA:
Ele custa a voltar pra casa, apesar do tanto que você e as crianças pedem. Ele quer voltar também, claro, mas valoriza, faz jogo duro. O tipo "magoado". *Ele* joga a aliança, *ele* faz a cena, *ele* bate a porta e quem fica magoado... é *ele*: um clássico passivo-agressivo do Pedro Paulo.

PEPÊ:
Eu volto?

LENINHA:
Ele volta?

PEDRO PAULO:
Eu volto.

Leninha e Pepê se abraçam, se beijam, comemoram.

MARIA HELENA:
Mas até que ele volte, as semanas vão passando e você... você encontra uma força que nem sabe direito de onde vem. Uma

coragem... Você vende algumas coisas — bolsas, joias, roupas —, presentes que ele te deu, coisas que você nem gostava, ou se gostava, de repente já não via tanto valor. Você vende pra se vingar, você vende pra fazer dinheiro, você vende pra não depender tanto dele. E vocês seguem assim por um tempo.

LENINHA:
Um tempo? Como assim, "um tempo"?

PEPÊ:
Nós... nós não estamos mais juntos?

Maria Helena balança a cabeça em negativa. Pedro Paulo baixa a cabeça. A surpresa de Leninha e Pepê com a separação.

PEPÊ:
Não! Você tá enganada! Não é possível! Eu não joguei a aliança, olha ela aqui [*no aparador*]! A gente tá junto! Nós ainda somos casados!

PEDRO PAULO:
Não tem um porquê. Uma lógica. A gente gostaria que tivesse, mas não tem. Eu tô há anos procurando esse porquê e ainda não encontrei. As tragédias simplesmente acontecem. Grandes ou pequenas, quantas pessoas não enfrentam tragédias todos os dias? Uma topada, um chão escorregadio, um vírus, uma avalanche, um tsunami, um terremoto... Quando não une, a tragédia separa as pessoas.

LENINHA:
Tragédia?

PEDRO PAULO:
Com a gente não foi diferente.

PEPÊ:
A gente não vai se separar! A gente nunca vai se separar!

PEDRO PAULO:
Depois do acidente fica inviável.

LENINHA:
Que acidente?!

PEPÊ:
Do que você tá falando?

PEDRO PAULO:
[*procura as palavras*] Alguém... esqueceu de...

MARIA HELENA:
[*grita*] *Eu* não esqueci!

PEDRO PAULO:
Eu estava dentro de casa, acabando de dar o nó na gravata. O... [*a emoção lhe embarga sutilmente a voz, ele se dirige especificamente a Leninha*] O grito que você deu. Eu nunca vou me esquecer daquele grito. A seda da gravata deslizando entre os meus dedos e de repente... aquele grito.

Maria Helena grita de desespero.

PEDRO PAULO:
Não tinha nada a ver com nenhum som que você já tivesse feito alguma vez na vida. Quando eu cheguei na piscina... O corpi-

nho... Alguém... esqueceu... de cobrir a piscina. Não tinha por que a piscina estar descoberta, ninguém mergulhava há dias.

Leninha se desespera. Dá um grito, um grito igual ao que Maria Helena deu anteriormente.

LENINHA:
Não! É mentira! Não pode ser! Vocês falaram que as crianças, que o Júnior e a Luli estão bem! Por que vocês mentiram?

MARIA HELENA:
Ele já tá aí.

Leninha não entende.

MARIA HELENA:
Você vai descobrir a gravidez assim que chegar em casa.

Leninha leva as mãos ao ventre imediatamente.

PEPÊ:
Um terceiro filho?!

MARIA HELENA:
Engravidar de novo, definitivamente, não estava nos nossos planos.

PEPÊ:
Não, não estava.

MARIA HELENA:
[*corrige*] Nos *nossos* planos! [*para Leninha*] As crianças estavam grandinhas, a vontade de trabalhar fora vinha crescendo em você.

Leninha confirma com a cabeça.

MARIA HELENA:
Continuar em casa por tanto tempo não estava no roteiro. Fora as dores, o peito rachado, as estrias... Mas você vai se apaixonar de cara: ele é o bebê mais lindo do mundo.

PEDRO PAULO:
[*com um sorriso genuíno no rosto*] Ele é, sim.

LENINHA:
[*procurando as palavras, nervosa*] Eu... eu não quero saber... eu não quero saber... com que direito vocês me contam que eu vou achar o meu bebê... Isso nunca vai acontecer!

PEPÊ:
Nunca! Nunca vai acontecer! Eu não vou deixar! Eu vou esvaziar! Melhor, eu vou cimentar, eu vou cimentar a piscina!

PEDRO PAULO:
Não tem um aviso, um alerta. É isso que chamam de destino, não é? Você acorda e faz tudo igual, como sempre. Até que a tragédia acontece. Se não é de um jeito é de outro. E não há nada que você possa fazer.

PEPÊ:
Nós não somos iguais a vocês!

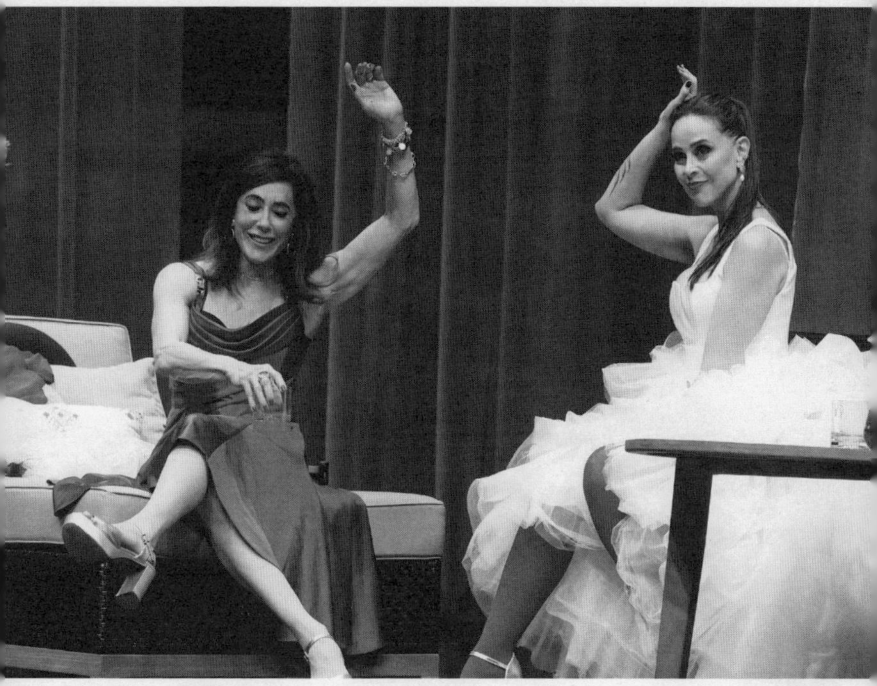

PEDRO PAULO:
[*para Maria Helena*] Dali em diante, você desenvolveu uma espécie de paixão pelo Júnior, um medo de perdê-lo por qualquer razão. "Dá notícias quando chegar!", Liga quando sair!", uma preocupação patológica...

MARIA HELENA:
[*dura*] Qualquer mãe é capaz de me entender.

PEDRO PAULO:
E ao mesmo tempo... ao mesmo tempo uma aversão à Luli. Uma aversão irracional. Você sempre competiu com a pobre da menina...

PEPÊ:
É verdade.

Todos olham para Pepê, Leninha ainda mais surpresa.

LENINHA:
Eu? Eu nunca competi com a nossa filha.

PEDRO PAULO:
Até nas crises de bronquite você dava um jeito de humilhar a menina. Ela tá na terapia até hoje!

MARIA HELENA:
[*irônica*] Deixa ver se eu adivinho: é tudo minha culpa? [*inclui Leninha*] Nossa culpa, é isso? Pra seu governo, nunca achei que ser mãe fosse certeza de felicidade. E se você quer saber, nem o casamento. A verdade é que o casamento favorece os homens, na mesma proporção em que atrasa a vida das mulheres. [*para Leninha*] Tô errada?

LENINHA:
Eu fiz o que tinha que ser feito, o que todas as mulheres fazem—faziam. Ninguém me avisou. Ninguém me falou como seria difícil, quanto eu teria que abrir mão de coisas que eu sempre quis. E a responsabilidade toda nas minhas costas. A solicitação o tempo todo. As prioridades. Deles. Como é que a realização pode nascer da dependência do outro? Ninguém fala. Ninguém fala que ser mãe é um grande risco, um salto no escuro. Foi me dando um vazio... Eu só queria encontrar um algo mais, qualquer coisa que desse sentido pra minha vida. Não, eu não acho que dá pra se realizar só com filhos. Eu sou um monstro? Quando eu me escuto me sinto um monstro. E não posso dizer isso pra ninguém.

MARIA HELENA:
[*consola, terna*] Pra mim pode, querida. [*muda o tom, cínica*] Ah... filhos preenchem outra lacuna, meu bem. Funciona para as pessoas entediadas, por exemplo. Porque filho ocupa, tira o tédio. Mas não realiza. Ao contrário: frustra. Mas não me arrependo, de jeito nenhum.

LENINHA:
[*sem muita certeza*] De jeito nenhum?

MARIA HELENA:
Ter filho é uma forma de preencher a vida até a morte. É uma boa forma. Mas, pra quem tem criatividade, existem outras mais divertidas. E mais baratas.

PEDRO PAULO:
Ela era só uma criança, Maria Helena! Você passou a rejeitar a garota, coitada. Você foi sendo consumida por uma raiva doentia. Ninguém sabe quem deixou a piscina descoberta!! [*categórico*] Eu nunca gostei de criança sozinha na piscina!

PEPÊ:

[*confirma*] Não, eu nunca gostei de criança sozinha na piscina!

PEDRO PAULO:

Pode ter sido a Luli, sim! Pode! Mas também pode ter sido [*para Leninha*] você ou até [*para Pepê*] você, quem sabe? [*para Maria Helena*] Mas você preferiu nutrir uma certeza sádica, covarde, contra a menina!

MARIA HELENA:

[*para Leninha*] Tá vendo? É com essa cara que te olham, que te julgam. Eles não dizem, claro, mas é óbvio que eles estão pensando: "Que raio de mãe é essa que deixa o próprio filho se afogar?" Primeiro você acha que vai ficar louca. Talvez fique. Um pouco. Você se pergunta o porquê, o porquê de isso estar acontecendo, acontecendo com você.

LENINHA:

Só pode ser um castigo. Um castigo por ter tirado o outro. O primeiro.

Pedro Paulo e Pepê olham surpresíssimos para elas, deixando claro que nunca souberam do aborto.

PEDRO PAULO:
Como é que é?!

PEPÊ:
Hã?!

MARIA HELENA:
[*para Leninha*] Não! Você fez a coisa certa! Você não tinha a menor condição de ser mãe naquela época... [*para Pepê*] E ele também não tinha a menor condição de ser pai.

Pedro Paulo e Pepê a encaram.

LENINHA:
[*para Pepê*] Não, ele não tinha, não...

MARIA HELENA:
Com o tempo você vai entender que não era uma punição, mas ainda assim não tem a menor vontade de levantar da cama. Pra quê? Você passa a odiar as outras crianças, as outras mães, as outras famílias. Por que com você? Você não tem resposta. [*para Leninha*] É mentira se eu disser que não pensei em acabar com a sua vida. Vão te levar à terapia, à igreja, ao centro espírita, ao terreiro. Todos se esforçando para que você tenha fé em alguma coisa, na expectativa de que você encontre respostas, mas você tem ódio porque as pessoas seguem em frente. E você não quer seguir em frente. Mas se a vida pode ser cruel, ela também pode ser bem pragmática: não há outra opção se não seguir em frente. Você faz o que é possível: muda de casa, você se esforça para dar atenção às crianças, aos filhos, aos outros filhos, que passam a chorar de medo quando te veem, porque eles não sabem o que esperar de você desde aqueles dois ou três ataques de pânico que eles presenciaram e você não queria que eles presenciassem, mas eles presenciaram. Depois vem o cinismo, que é onde eu estou até hoje. Você vai passar o resto da vida aparentando estar pacificada, agradando os outros com um meio-sorriso, mas com um puta rombo no meio do peito.

PEPÊ:
[*para Pedro Paulo, irado*] E você!? Você não faz nada?! Você não cuida dela?!

PEDRO PAULO:
A gente tenta. Por um tempo a gente tenta. Mas ficou insustentável. Ela tá muito machucada. Ela precisa descontar em alguém e você aceita que seja em você — por amor a ela e por amor a sua filha também, que vira um alvo fácil da crueldade dela. Você faz de tudo pra agradar à menina... você vai encher a cara de leite só pra ela poder trocar a caixa por bichinho de pelúcia...

PEPÊ:
Eu odeio leite!

PEDRO PAULO:
Mas você vai beber. Litros! E o seu colesterol nunca mais vai ser o mesmo... Você tem certeza que não deixou a piscina descoberta, mas ainda assim é atormentado por essa dúvida absurda: [*hesita*] será que fui eu? Talvez você mereça pagar o preço. Não pela perda do nosso filho, mas por todas as outras merdas que você colecionou ao longo dos anos. Se alguém tem que ir para o sacrifício, que seja você.

MARIA HELENA:
[*para Leninha*] Ele vai embora e te deixa com uma mão na frente e outra atrás, sem um real no bolso.

LENINHA:
[*perdida*] Real?

MARIA HELENA:
[*com dor*] Foi aí. Foi aí que você parou de chamar ele de *Pepê*.

PEDRO PAULO:
Eu fui muito generoso! Você ficou com o Opala e duas linhas de telefone fixo!

PEPÊ:
[*para Pedro Paulo*] Você ficou maluco?! As linhas de telefone valem uma fortuna!

MARIA HELENA:
Ele também pagou uma bosta de pensão, mas só porque o juiz mandou.

PEPÊ:
[*para Pedro Paulo*] Bundão!

PEDRO PAULO:
[*para Pepê*] O nu falando do pelado...!

PEPÊ:
Eu nunca deixaria a Leninha passar por nada disso!

PEDRO PAULO:
Você não sabe o que tá falando...

Eles se enfrentam, peito a peito. Pepê é nitidamente mais alto.

PEDRO PAULO:
Que é?! Todo mundo encolhe!

LENINHA:
O papai vai me ajudar, com certeza!

MARIA HELENA:
Os AVCs, o diabetes... O papai tá mais pra lá do que pra cá... Você não acha justo pedir mais nada, depois de tudo que o papai fez pela carreira [*indica Pepê*] dele.

LENINHA:
[*se choca, comenta para si mesma*] Meu Deus, mas o papai é um touro de forte...

MARIA HELENA:
Não se preocupe. Ele está bem.

Leninha respira aliviada.

PEDRO PAULO:
[*corrige*] Bem mal!

MARIA HELENA:
[*se justifica*] Ele tem muitas sequelas. Aquele glaucoma...

LENINHA:
Ainda?!

MARIA HELENA:
Pois é... Ele se recusa a operar.

PEDRO PAULO:
E as placas? É prótese no quadril, na perna... É tanto pino pelo corpo, coitado do meu sogro: parece um Lego.

MARIA HELENA:
Nós achamos melhor...

PEDRO PAULO:
"Nós"?!

MARIA HELENA:
Nós achamos melhor colocá-lo numa casa de repouso.

PEDRO PAULO:
Um asilo.

LENINHA:
Um asilo?!

MARIA HELENA:
Praticamente um hotel cinco estrelas.

LENINHA:
Eu jamais colocaria o papai num asilo!

PEDRO PAULO:
Eu fui contra!

MARIA HELENA:
Ele está bem assistido. Todo mês a clínica recebe um belo de um PIX.

LENINHA:
[*perdida*] Um o quê?

MARIA HELENA:
Ele está muito melhor lá do que se estivesse lá em casa.

PEDRO PAULO:
[*decepcionado, para si mesmo, mas alto o suficiente para que os outros ouçam*] Como é que uma pessoa pode mudar tanto e nem se dar conta...?!

MARIA HELENA:
De vez em quando a gente vai lá visitá-lo...

PEDRO PAULO:
Eu! Eu vou. [*entrega*] Você, quando muito, aparece uma vez por mês e olhe lá. Leva um bolo e duas maçãs pra convencer os enfermeiros que é boa filha...

LENINHA:
Eu sou uma boa filha!

PEDRO PAULO:
[*ignora e segue para Maria Helena*] E ainda tem a cara de pau de reclamar que as crianças não aparecem pra te ver... Você é igualzinha a elas: seu pai também virou um compromisso na sua agenda.

LENINHA:
[*perdida*] Mas... mas com que dinheiro a gente paga uma casa de repouso?

PEDRO PAULO:
[*corrige de novo*] Asilo!

MARIA HELENA:
[*muda o tom, animada, para Leninha*] Aí vem a parte boa da história, da sua história, da nossa história, se é que se pode chamar de parte boa: você descobre, a duras penas, que o mundo não é tão bonito como sempre te disseram — e você se esforçava pra acreditar. Você descobre que não pode contar com ninguém. Você toma posse de si mesma e esse é um movimento arrebatador. Você para de se importar com a opinião dos outros, de querer agradar. Você cata os cacos, arregaça as mangas e vai à luta. Você aprende a fazer dinheiro.

LENINHA:
[*se anima*] Então... então eu terminei a faculdade!

MARIA HELENA:
Não, meu bem, você não terminou a faculdade. Mas você tem algumas coisas a seu favor.

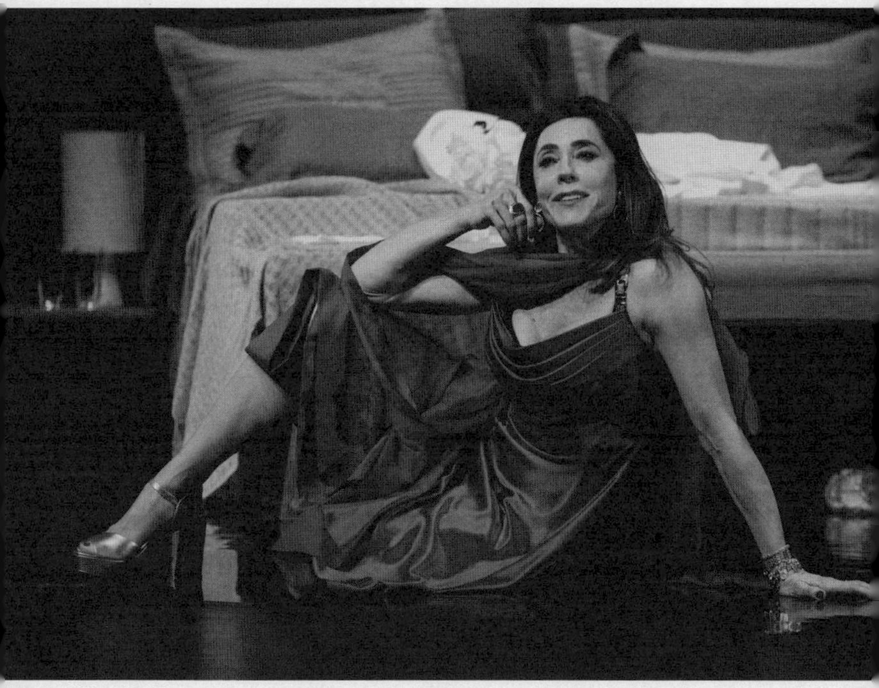

LENINHA:
O quê?

MARIA HELENA:
Bom, primeiro você tem contatos. Uma amiga quer vender um apartamento, você conhece alguém que pode comprar. Você conecta as pessoas, fecha as vendas.

LENINHA:
[*surpresíssima*] Eu?!

MARIA HELENA:
Você é ótima nisso! Com o tempo, você conhece gente com dinheiro, as pessoas passam a te procurar em busca de bons apartamentos. Você tem os melhores imóveis e os melhores compradores, acaba virando uma referência no mercado imobiliário. Você volta a usar seu nome de solteira! Você nunca quis usar o sobrenome horroroso dele.

LENINHA:
Nunca!

MARIA HELENA:
Pois é!

A postura de Leninha muda, orgulhosa de si mesma.

LENINHA:
O que mais?

MARIA HELENA:
O quê?

LENINHA:
O que mais? Você disse que eu tenho algumas coisas a meu favor. O que mais?

MARIA HELENA:
[*com constrangedora naturalidade*] Uma tragédia.

LENINHA:
Como assim?

MARIA HELENA:
Você tem uma tragédia pessoal pra contar, ué. As pessoas morrem de pena de você, enquanto agradecem a Deus, em silêncio, por não ter sido com o filho delas. E quanto mais pena elas sentem, mais elas pagam nos apartamentos que você vende. Aos poucos, você vai perdendo a vergonha de contar pra elas tudo que passou — às vezes até aumenta a história. "Ele morreu nos meus braços!", você diz.

LENINHA:
Isso é horrível! Eu jamais faria isso!

MARIA HELENA:
Mas vai fazer. Porque é a sua história, porque você já sofreu demais com ela, porque você acha que de alguma forma merece essa compensação e porque você diz pra si mesma que é um jeito que o seu bebê arrumou de te ajudar. Dá certo: você fica rica. Você tem a liberdade da adolescência, mas agora com um cartão de crédito. Que você mesma paga. E, pela primeira vez na vida, você se sente realizada.

Leninha com um sorriso luminoso no rosto.

PEPÊ:

[*ligando os pontos*] Mas e eu?! E eu?! Bom, se ela tá rica, eu tô milionário! No mínimo, eu já fui promovido. Não, deixa eu ver se eu adivinho: eu sou sócio da agência, acertei?

PEDRO PAULO:

O Collor acabou com o *overnight*. Fazer dinheiro rápido foi ficando cada vez mais difícil. O custo de vida alto. A economia se abrindo, as agências de publicidade estrangeiras foram chegando... Você já não é nenhum garoto... Sabe quanto um menino de 20 anos topa ganhar pra pôr um pé no mercado? Você todo orgulhoso porque sabe usar calculadora científica e a molecada chega falando em Windows.

PEPÊ:

[*se gaba*] Janelas.

PEDRO PAULO:

Da noite pro dia, falar inglês fluente vira uma lei. Você arranha um pouco, consegue se resolver, mas não pra convencer clientes estrangeiros. Você tenta. Rema, se esforça, faz cursos. Mas vai ficando cada vez mais difícil. Você fica anacrônico, obsoleto. Não tem mais assunto com os colegas no cafezinho, eles se ofendem com as suas piadas —, você não pode mais fazer piadas —, as mesmas piadas que você fazia até outro dia e as pessoas riam! Mas agora não riem mais... Um dia você flagra os estagiários debochando de você depois de uma reunião, até pensa em demitir todos eles, mas sabe que eles vão fazer falta: eles se tornaram tão importantes para o *business* quanto você. Quando você finalmente domina o PowerPoint, inventam a realidade virtual. Você sente que a altura da água tá subindo, batendo no seu queixo. Você fala cada vez menos nas reuniões, concorda com quase tudo, concorda até com o que não entende pra não mostrar que não entende. Sem mais nem por quê, eles param de te chamar pra almoçar. Até que... aparece um novo sócio. Um rapaz bem mais jovem que você. Da noite para o dia, você passa a responder a uma pessoa que tem idade pra ser seu filho. Um garoto com gel ensebado no cabelo e um carro indecente na garagem, que custa um ano do seu salário. Na segunda, você nota que suas costeletas estão com fios brancos; na terça, "esquecem" de te convocar para uma reunião com um cliente novo; na quarta, os fios brancos já desceram para a sua barba; na quinta, mandam um grupo de trabalho para Nova York do qual você não faz parte; na sexta, o "menino do gel" te chama, te enche de elogios e com a cara mais deslavada do mundo, propõe a sua adesão ao plano de demissão voluntária da empresa. A mocinha do RH sugere um sabático: "Vai velejar, fazer cerâmica!" Todo mundo tem um conselho pra te dar: "Pega o dinheiro da rescisão, rapaz!", "Abre o seu próprio negócio", "Abre uma franquia da Casa do Pão de Queijo!". Você não tem muita alternativa a não ser aceitar. Não, você não abre a Casa do Pão de Queijo... Mas você aplica mal o dinheiro da rescisão. Faz escolhas erradas. Você abre uma videolocadora, quebra. Você abre uma loja de revelar foto, quebra.

PEPÊ:
Por quê?!

PEDRO PAULO:
Porque nada disso existe mais.

PEPÊ:
[*chocado*] Como assim?!

PEDRO PAULO:
Você perde, empresta, empresta para amigos, amigos da mesma idade, amigos desempregados, amigos tão fodidos quanto você.

Você se deprime, claro. Qualquer homem deprimiria. Você estranha que tudo que você construiu desapareça de repente, de uma vez. O mundo que você conheceu e aprendeu a amar. Você reclamava todo dia que trabalhava demais... e acaba sentindo falta de tudo: das fofocas no corredor, do café ruim e das ideias cretinas dos seus colegas. Como diz o seu neto: "Você bugou, vô!" E você nem sabe o que é isso. Você bebe, bebe mais do que devia, cheira mais do que devia. O dinheiro vira pó em questão de meses. Você pega dinheiro com agiota. Você perde o controle, vira uma bola de neve.

PEPÊ:
Não... não é possível... Eu... estou em ascensão na empresa, todo mundo gosta de mim, eu sei. Eu tenho certeza.

PEDRO PAULO:
Nada é mais duvidoso do que uma certeza, rapaz. Você é obrigado a engolir o orgulho — caralho, como foi difícil! —, você é obrigado a engolir o orgulho e pedir ajuda.

A esta altura, Pepê está em choque com o seu futuro.

MARIA HELENA:
[*terrivelmente cruel, levanta o dedo indicador*] Ajuda de quem?

PEPÊ:
Não! Não!

PEDRO PAULO:
Eu sei. Dos males, o maior.

PEPÊ:
Não é possível!

PEDRO PAULO:
Mas você não tem escolha...

PEPÊ:
Eu? Eu não tenho escolha? Você não tem escolha! Você! Eu ainda tenho um futuro pela frente!

PEDRO PAULO:
Eu sei como você se sente, eu também pensava assim... mas de repente você se vê sem dinheiro pra pagar um Uber.

PEPÊ:
[*perdido*] Um o quê?!

LENINHA:
[*para Maria Helena*] Então... então somos nós que...?!

Maria Helena estica a mão na direção de Leninha, para um "high five" de saudação.

MARIA HELENA:
[*para Leninha*] Não é impressionante, garota? Não é impressionante aonde você vai chegar? E com as próprias pernas! Você mostra que não tem medo. E quanto menos medo você tem, mais inseguro ele fica.

PEDRO PAULO:
[*para Pepê*] Você tá na lona e não tem alternativa a não ser pedir a ajuda dela. Vocês estão separados, mas têm uma história juntos, afinal de contas. Mas a sua autoestima está ferida de morte e você não tem coragem, claro que não...

PEPÊ:
Claro que não!

PEDRO PAULO:
[*envergonhado*] Você pede pras crianças falarem com ela...

PEPÊ:
Quê?! Que merda...!

PEDRO PAULO:
No fundo, as crianças ficaram felizes de poder ajudar de alguma forma. Elas estavam preocupadas com você. [*olha para Maria Helena*] Ela... ela passa a pagar seu aluguel, seu supermercado, o seu plano de saúde...

PEPÊ:
Caralho!

PEDRO PAULO:
Mas isso não dura pra sempre, claro.

PEPÊ:
Claro!

LENINHA:
Claro?

MARIA HELENA:
Claro...

PEDRO PAULO:
Ela te *empresta* um dinheiro...

MARIA HELENA:
[*corrige Pedro Paulo*] Tsc, tsc, tsc...

PEDRO PAULO:
Ela te *dá* um dinheiro para você começar um negócio e você... abre uma Casa do Pão de Queijo.

PEPÊ:
Puta que o pariu!

PEDRO PAULO:
Você pretende pagar ela de volta, claro! Mas você não entende nada de estoque de refrigerante e *leasing* de forno elétrico. Você se esfola naquele balcão, mas nunca consegue quitar a dívida. E ela não perde a chance de jogar isso na tua cara por um bom tempo. Mas depois... depois tudo muda...

PEPÊ:
Eu sabia!

PEDRO PAULO:
Você vira corretor na imobiliária dela!

PEPÊ:
[*em choque*] Eu?!

MARIA HELENA:
[*cínica*] Você é um pouco rebelde, mas até que é um bom empregado...

PEDRO PAULO:
[*se justifica*] Você ganha comissões razoáveis...

MARIA HELENA:
Eu fui bastante generosa.

PEDRO PAULO:
Generosa?! Só porque você permitiu que os nossos filhos um dia me enterrem do teu lado?!

MARIA HELENA:
Pelo menos agora você tem onde cair morto. Isso não é generosidade?

Leninha se insurge contra Maria Helena.

LENINHA:
Eu não acredito.

PEPÊ:
Nem eu, meu amor, nem eu...

Pepê se posiciona ao lado dela, cúmplices, mas...

LENINHA:
Eu não acredito que você perdoou a dívida dele.

PEPÊ:
Leninha?!!

Todos surpresíssimos.

LENINHA:
[*dura com Maria Helena*] Quem você pensa que é pra ficar jogando o *meu* dinheiro pro alto? Dinheiro que *eu* vou conquistar com o suor do *meu* trabalho?!

PEPÊ:
[*para Leninha*] Se você chegou a algum lugar foi por minha causa.

LENINHA:
Por sua causa?!

PEPÊ:
[*orgulhoso*] Porque eu fui embora!

LENINHA:
Mas claro! Claro! [*irônica*] Como o meu sucesso poderia não ser responsabilidade sua, né, Pepê?

PEPÊ:
Espera! Espera aí! Nós fomos casados! Eu tenho direito a alguma parte desse dinheiro.

LENINHA:
Quem exigiu a separação total de bens, bonitinho? Foi você. O único direito que você tem é o de se arrepender. [*de novo para Maria Helena*] Eu não tenho culpa se ele ficou pra trás, eu sou uma mulher de negócios e não tenho tempo a perder. [*para Pepê*] Pode ir passando um cheque! E não cruza!

PEDRO PAULO:
Ninguém mais tem cheque...

LENINHA:
O quê?

MARIA HELENA:
[*com autoridade*] Cala a boca, garota, você não sabe de nada.

LENINHA:
[*irônica*] Tô vendo! Tô vendo que eu não sei de nada mesmo!

MARIA HELENA:
[*como um tiro*] A gente tem um câncer de mama violento.

Leninha se choca.

MARIA HELENA:
Você se desespera, procura o trevo "manco", o trevo de três folhas, o tal trevo da sorte... você procura em todos os lugares, mas você

não encontra. Você tem certeza de que a sorte te abandonou. De novo. Não, não se preocupe, no final das contas fica tudo bem. [*Maria Helena encara Pepê, talvez faça um carinho de leve nele*] Mas ele não deixa de estar a seu lado em momento nenhum. [*cita a frase do próprio pai*] "Cuida dela enquanto houver amor." E há amor. Um outro tipo de amor. E ele cuida. Ele segura a onda como poucos maridos segurariam. Um grande amigo.

PEPÊ:
"Amigo"?! Ela não é minha amiga! Ela é minha mulher!

PEDRO PAULO:
Você teve as duas. Só sobrou a amiga.

MARIA HELENA:
[*para Leninha*] Você cai, cai feio. Mas ele tá lá, pau pra toda obra. Segurando a sua testa enquanto você vomita depois das sessões de químio. E apesar de você estar esquálida e careca, todo dia ele abre um sorriso e diz...

PEDRO PAULO:
[*terno, com um sorriso no rosto*] "Você sempre é a mulher mais linda da festa."

MARIA HELENA:
Você fica absolutamente frágil e, pra sua surpresa, ele não tenta tirar nenhum proveito disso.

PEDRO PAULO:
[*para Pepê*] Você fica em pânico que o pior aconteça...

MARIA HELENA:
Ele não sabe, mas você viu ele chorando no ombro do médico, com medo de te perder. Pedro Paulo chorando. Foi a segunda

vez que você viu ele chorar. A primeira foi na borda da piscina. Ele se mostra um parceiro, mesmo depois de saber o monte de merda que você fez.

Maria Helena e Pedro Paulo trocam olhares de ternura, enquanto Leninha e Pepê estão perdidos.

LENINHA:
Merda? Eu não fiz merda nenhuma!

PEDRO PAULO:
[*para Leninha, como um tiro*] Você tem um caso com o Celso.

LENINHA:
Eu?!

MARIA HELENA:
Tem, tem mesmo.

LENINHA:
[*em choque*] Com o Celso?!

MARIA HELENA:
[*contemporiza*] Uma bobagem.

PEPÊ:
[*para Maria Helena, em choque*] Você e o Celso?!

PEDRO PAULO:
O Celso é um chato!

PEPÊ:
Eu sei! Mas ele é o meu melhor amigo!

PEDRO PAULO:
Era, não é mais! Ele só fala no Apple Watch!

PEPÊ:
No quê?!

PEDRO PAULO:
Ela quis se vingar!

PEPÊ:
Só pode ser!

PEDRO PAULO:
Ela comeu o Alfredo também!

PEPÊ:
O Alfredo!?!

LENINHA:
Mas e a Selma?!

MARIA HELENA:
Também se separaram!

LENINHA:
[*chocada*] Eu não acredito?!

MARIA HELENA:
Casou de novo com uma menina que acha que Picasso é série da Netflix.

LENINHA:
[*perdida*] Net o quê?!

PEPÊ:
[*em choque*] Todo mundo se separou, porra?!

PEDRO PAULO:
Menos o Celso...

PEPÊ:
[*repete*] O Celso é um chato!

MARIA HELENA:
Me vingar de um marido ruim com amantes piores. Que erro, meu Deus!

PEPÊ:
[*para Maria Helena*] Você... você é nojenta!

MARIA HELENA:
[*para Leninha*] Você pede pro Celso não contar nada pra ninguém — embora, talvez, você quisesse justamente o oposto — e o Celso, claro, conta pra todos os amigos. É o que os homens fazem. É questão de tempo pra alguém bater pra ele [*indica Pedro Paulo*]. Ele fica irado.

PEPÊ:
Claro!

LENINHA:
Claro?

PEDRO PAULO:
Claro...

Maria Helena olha com gratidão para Pedro Paulo.

MARIA HELENA:
Mas você pede pra não contarem pra Mariinha, e ele não conta, ninguém conta. E assim você preserva uma boa amiga, apesar de todas as mentiras da Mariinha.

LENINHA:
Até hoje?

MARIA HELENA:
Pra você ver...

A delicadeza do momento é quebrada por um rompante de Pepê, que repete o xingamento de 30 anos antes.

PEPÊ:
Sua... sua puta!

PEDRO PAULO:
Cala a boca, moleque!

Maria Helena dá as mãos para Leninha e enfrenta Pepê.

MARIA HELENA:
Cuidado, rapaz. A gente cuspiu porque não sabia se defender. Agora sabe.

PEDRO PAULO:
[*para Pepê*] O espertão! O "come-quieto"! Quanto tempo você achou que ia durar, se equilibrando no meio-fio?

MARIA HELENA:
[*para Leninha*] Você passa anos sofrendo com o pior defeito que um homem pode ter: ele sabe que é bonito.

PEDRO PAULO:
[*para Pepê*] O nome do motel na fatura do cartão de crédito, motel que você nunca foi com ela!; aquele quiprocó!, as sumidas

nas festas, uma desculpa pior que a outra... Por que você some nas festas? Burro!

MARIA HELENA:
[*para Leninha*] Você se livra do joguinho tóxico das crises de ciúmes dele — crises que, na verdade, servem pra esconder as merdas que ele faz.

PEDRO PAULO:
Como é aquela bobagem que você fala para os seus amigos?

PEPÊ:
[*um tanto envergonhado*] "Acuse antes de ser acusado."

PEDRO PAULO:
Você achou que ela nunca ia saber das tuas armações?!

MARIA HELENA:
[*para Leninha*] E você sabe. Você finge que não sabe... mas a gente sempre sabe. Você pega os chifres que ele colocou na sua cabeça e faz uma coroa. Tem sua beleza. Por tudo isso é que o divórcio não foi uma tragédia. [*suspira antes do ditado*] "A maçã se conhece pela força da cachoeira."

Pepê fica indignado com a falta de sentido do que ela diz.

LENINHA:
Então... então você perdoou ele?

MARIA HELENA:
[*olha para Pepê*] Eu sei que você adoraria que eu dissesse isso, mas eu não te perdoei por você. [*olha para Pedro Paulo*] E nem por você. [*olha para Leninha*] Eu perdoei por você. Por incrível

que pareça, perdoar dá menos trabalho que odiar. Menos rugas, com certeza. Perdoar liberta. Nós ficamos mais amigos, e isso foi uma grande conquista. Pra além das coisas práticas. Você não precisa mais encarar a pia lotada de louça. Nem o próprio copo o infeliz é capaz de lavar.

LENINHA:
Ele não gosta de lavar louça.

MARIA HELENA:
Quem gosta?! E quando faz o enooorme sacrifício de passar uma água no *próprio* copo, fica esperando aplausos, como uma foca de circo. Você pode voltar a fumar em paz, sem ninguém encher o saco.

PEDRO PAULO:
Você voltou a fumar?!

MARIA HELENA:
Eu nunca parei, mas você não gostava, então eu fumava escondida.

Pepê encara Leninha, que se constrange.

MARIA HELENA:
[*para Leninha*] Desculpe, "entreguei" você... Por que eu abri mão do meu cigarro depois do jantar por tanto tempo, meu Deus? Enfim, estou recuperando o tempo perdido: um maço por dia. Sem filtro. Coisa maravilhosa.

Maria Helena acende um cigarro. Ela oferece a Leninha, que dá um trago, pra surpresa de Pepê.

PEDRO PAULO:

Seu médico sabe que você tá fumando? [*ri*] Seu médico é ótimo. [*se corrige*] Seus médicos. [*debocha, para Pepê*] É tanto médico que ela tem... Você sabe que cigarro dá varizes, né?

MARIA HELENA:

[*ignora e segue*] Fora todo o resto, claro. Que parece menor. Mas não é menor. Aquela mania de feijão fresco toda semana. Nunca mais eu peguei numa panela de pressão. Nunca mais aquele cheiro de Polytar no banheiro.

PEDRO PAULO:

O que é que eu posso fazer se eu tenho caspa?!

PEPÊ:

Eu não tenho caspa.

PEDRO PAULO:

Mas vai ter! Tá falando o quê, Maria Helena? Eu que sei o que eu passo com aquele seu creme rinse.

PEPÊ:

Aquele cheiro dooooce! E o chão do boxe? Vira um sabão!

Eles se aliam.

LENINHA:

Ah, coitadinho dele... Do menininho mimado que só come arroz, feijão, bife e batata frita.

Elas se aliam.

PEPÊ:
Bom, pelo menos eu como do meu prato. Diferente de você, que pede salada e fica beliscando a minha batata frita. E aquela mania de pisar no freio imaginário do carona? Quem tá dirigindo sou eu! Leninha, não adianta você frear no banco do carona!

LENINHA:
Se você dirigisse melhor, eu não precisava frear!

PEPÊ:
Nem dirigir você sabe. Eu paguei a tua autoescola e pra quê? Você tem medo de tudo.

LENINHA:
Eu não tenho medo de tudo!

PEPÊ:
Se acha moderninha, mas não sabe apertar um baseado...

LENINHA:
O descolado falando... Quem desmaiou com a *ayahuasca* foi você, queridinho! [*para Maria Helena*] Ele tem pressão baixa.

MARIA HELENA:
Ainda? Então aproveita! Porque já, já vai ser 17 por 11...

O clima começa a pesar. Pepê e Leninha não entram mais na brincadeira, de agora em diante começam a se preocupar com o que ouvem e assistem.

PEPÊ:
[*sério, faz um aparte*] Só pra deixar claro: eu não tenho pressão alta.

PEDRO PAULO:
Mas vai ter!

MARIA HELENA:
Quanta coisa que você ainda não tem, mas vai ter... [*entrega*] Disfunção erétil.

PEPÊ:
Disfunção erétil?

MARIA HELENA:
Broxa.

PEDRO PAULO:
[*corrige*] Disfunção erétil!

LENINHA:
Ele não tem disfunção erétil.

MARIA HELENA:
Mas vai ter!

PEDRO PAULO:
Você poderia não me humilhar na frente dos outros?

MARIA HELENA:
Só tem nós dois aqui! [*para Leninha*] As dermatites, os inchaços, a próstata... A próstata, meu Deus, do tamanho de um abacate! É xixi a cada 15 minutos! E as pedras nos rins...?

LENINHA:
Pedra nos rins ele já teve.

PEPÊ:
Duas.

PEDRO PAULO:
Faltam três.

MARIA HELENA:
Você parece uma marmoraria, de tanta pedra.

PEDRO PAULO:
A última... Meu Deus do céu. Oito milímetros. Tão complicada que eu batizei de Maria Helena.

PEPÊ:
Dói?

PEDRO PAULO:
Nada... Parece que você tá parindo um elefante pela uretra.

Pepê leva a mão ao pau, de angústia de imaginar.

PEDRO PAULO:
[*para Pepê, sádico*] Bem feito. Você merece.

MARIA HELENA:
[*para Leninha*] Essa última pedra não foi mais no seu... "mandato". Então você vai ao hospital, faz uma visita, leva uma caixa de *financier* — *financier* que ele nem pode comer —, você perde uns 40 minutos do seu dia, arranca duas ou três risadas dele... e volta pra casa, pra comer a caixa de *financier* dele vendo TV. Entende? Você se livra de muita merda. Aquelas meias horrorosas pra melhorar a circulação nas pernas.

PEPÊ:
Eu não tenho problema de circulação!

MARIA HELENA e PEDRO PAULO:
[*repetem*] Mas vai ter!

PEDRO PAULO:
[*para Pepê*] Você fez alguma coisa por mim, por nós? Não, não fez! Anos pagando aquela merda de academia e pra quê? Você não sabe que a pessoa envelhece pela perna, pombas!? Por que você não faz mais musculação?! A panturrilha é o segundo coração do homem! Você vai perdendo aquela coisa que só tem quando é jovem...

PEPÊ:
Tesão?

PEDRO PAULO:
Flexibilidade! Quando se dá conta, tá atrofiado igual a um bonsai.

Maria Helena aponta a discussão dos dois para Leninha.

MARIA HELENA:
Tá vendo? Definitivamente, a separação não foi uma tragédia.

PEDRO PAULO:
[*para Pepê*] Se serve de consolo, com o tempo você vai gostar também. Vocês se separam antes que o casamento vire um trem descarrilado de dez vagões. Seria um estrago muito grande. Você se livra do peso de ser o provedor, o peso que botaram nas tuas costas, que você botou nas costas. O peso que seu pai carregou, que seu avô carregou, o peso que todo homem carrega: o peso de não poder falhar. É um sarrafo alto demais pra qualquer homem! Bom, sem falar nas outras coisas: os calores dela, as crises de humor...

MARIA HELENA:
São os hormônios!

PEDRO PAULO:

Uma *rave* de hormônios! Você nunca sabe qual Maria Helena vai encontrar: a carinhosa ou a assassina! A cabeça dela vira um labirinto sem saída.

MARIA HELENA:

Você podia tentar me entender!

PEDRO PAULO:

Vê se eu tenho cara de são Judas Tadeu, pra dar conta de causa impossível! Fora aqueles duzentos potes de creme na bancada do banheiro sitiando a tua espuma de barbear. Sem falar nos hábitos, os maus hábitos que você odeia — que você até achava bonitinho no começo do casamento —, mas que hoje você odeia!

MARIA HELENA:

Como o quê, por exemplo?

LENINHA:

É, como o quê, por exemplo?

PEDRO PAULO:

Você enche os bolsos daquela saia balonê medonha com balas na porta da churrascaria! Aquela bala de menta, que você nem gosta, que você só pega porque é de graça! E nas festas, nos casamentos? A bolsa atochada de bem-casado.

PEPÊ:

[*pondera*] Ah, é bonitinho...

Leninha tensiona e baixa os olhos, reconhecendo a prática. Maria Helena nega.

MARIA HELENA:
Você tá delirando, Pedro Paulo.

Pedro Paulo vai até a bolsa de Maria Helena, abre-a e caem meia dúzia de bem-casados da festa de Celso e Mariinha.

MARIA HELENA:
Isso não é bem-casado. É bem vivido.

PEDRO PAULO:
Celso e Mariinha? Bem vividos? Sei... Aquela sua mania de falar ditados que nunca fazem sentido... Você não sabe usar ditados numa conversa, Maria Helena! E a desgraça daqueles óculos pra perto espalhados no quarto, no banheiro, na sala, na cozinha! É óculos pela casa inteira! Tem óculos até dentro da geladeira!

MARIA HELENA:
Sonso! Você dizia que só tinha casado comigo por causa da minha coleção de óculos...!

PEDRO PAULO:
As pessoas se separam pela mesma razão que elas casam, não sabia?!

MARIA HELENA:
Não, não sabia. Sabe por quê? Porque eu estava em estado de choque com a sua mania de palitar os dentes na mesa! Se achando discreto! E depois ainda chupa o palito!

PEDRO PAULO:
Quer falar de mania? Então vamos falar de mania! Que tal a sua mania de cantar música com a letra errada? Aprende de uma

vez, Maria Helena: não é "Um homem pra chamar Dirceu", é "Um homem pra chamar de seu"! "Um homem pra chamar de seu/ Mesmo que seja eu"! Coitados do Roberto e do Erasmo! Você se livra dela dando ordem pela casa: "Pedro Paulo isso... Pedro Paulo aquilo..." Eu não sou a Alexa!

LENINHA:
[*perdida*] Quem?

MARIA HELENA:
É? E você, Pedro Paulo? E você? Você perdeu os neurônios pra covid?

PEPÊ:
[*perdido*] Pra quem?

MARIA HELENA:
[*ela o ignora e segue*] Quando você roda a taça de vinho com aquela empáfia, dá um gole e fica bochechando, eu tenho vontade de vomitar!

PEDRO PAULO:
Você se acha um ser humano melhor do que os outros só porque toma kombucha! Eu não confio em quem toma kombucha!

MARIA HELENA:
Você é tão previsível, Pedro Paulo... Parece cardápio de restaurante de beira de estrada, com a foto do prato: não tem mistério!

PEDRO PAULO:
Que lindo esse seu discurso! Quem fez, Maria Helena? Foi o ChatGPT?

LENINHA:
Foi quem??

PEDRO PAULO:
E o ar-condicionado? E o ar-condicionado no quarto? "Liga o ar-cobre com o edredom-fica com calor-tira o edredom-desliga o ar-liga o ar-cobre com o edredom-fica com calor-tira o edredom-desliga o ar!" Decide, Maria Helena!

MARIA HELENA:
As viagens! Lembra? As viagens, meu Deus! Itacaré de carro pra ver o cometa Halley passar! Até hoje o meu ciático não voltou pro lugar de tanto sacolejar no Opala! Aquela desgraça de Opala que fervia a cada 50 quilômetros! E você, perdido na estrada, [*abre os braços*] girando aquele mapa imeeeenso do *Guia Quatro Rodas* nas mãos! Dormindo em rede, cada mosquito do tamanho de um pombo!

LENINHA:
[*assopra*] Sem falar no bicho-de-pé!

MARIA HELENA:
Dois meses pra me livrar daquela merda e pra quê? Nublou!

LENINHA:
Nublou?

Pedro Paulo e Pepê se aliam.

PEDRO PAULO:
Não nublou, não!

PEPÊ:
Não nublou mesmo!

MARIA HELENA:
Nublou! Nem deu pra ver o cometa Halley passar! Eu odiei Itacaré! Eu odiei aquela viagem! E ainda tinha que aturar aquele seu violão...

PEPÊ:
[*corrige de novo*] É ukulelê.

PEDRO PAULO:
E você? E você com aquela mania irritante que você tem de jogar a cabeça pra trás quando engole um comprimido. O que é que você tá fazendo? "Dando uma forcinha" pro comprimido? Não precisa jogar a cabeça pra trás, Maria Helena! É só engolir, o comprimido desce igual!

MARIA HELENA:
[*ignora e segue*] O seu cabelo... você tinha um cabelo tão bonito, olha ali! [*aponta para Pepê, que se envaidece*] O que foi que houve com o seu cabelo?

PEDRO PAULO:
São pequenas entradas...

MARIA HELENA:
Entradas? Estradas! Estradas de três pistas!

PEDRO PAULO:
E as suas mensagens, as suas mensagens enooooormes no WhatsApp! Talvez agora seja uma boa hora de você saber: eu escuto as suas mensagens no "vezes dois"!

MARIA HELENA:
E os joanetes! E seus joanetes, Pedro Paulo? Cada um deeeste tamanho! Parece um caqui.

Ela pisa no joanete dele, que urra de dor.

PEDRO PAULO:
Aaaaaaiiii!!

Ele pega a almofada para hemorroida de Maria Helena.

PEDRO PAULO:
E essa almofada pra hemorroida, pra cima e pra baixo.

LENINHA:
Eu não tenho hemorróida!

PEDRO PAULO:
Mas vai ter! Eu odeio essa almofada pra hemorroida!

MARIA HELENA:
Eu odeio quando você fala "tiuría"!

PEDRO PAULO:
E eu odeio quando você fala "culégio"!

Maria Helena fala um ditado aleatório.

MARIA HELENA:
[*para Leninha*] Vai vendo... É nisso que dá! "Papagaio que acompanha joão-de-barro vira ajudante de pedreiro."

PEDRO PAULO:
[*aponta para Maria Helena, olhando para Pepê*] Não falei?! Não falei?! O que é que isso tem a ver com a conversa?!

Caos. Eles começam a discutir, falando um por cima do outro. Leninha rompe a espiral de loucura da briga dos dois.

LENINHA:
Chegaaaaaa!

Puf! Pedro Paulo estoura a almofada de hemorróida, que murcha em suas mãos.

LENINHA:
Chega! Não é possível... não é possível que envelhecer seja isso. Não é possível que envelhecer seja *só* isso.

Eles se acalmam um pouco.

MARIA HELENA:
Não. Não é só isso. [*para Leninha, se vingando de Pedro Paulo*] Envelhecer é como uma festa surpresa: primeiro você toma um susto, mas depois se diverte. Você volta a se ver como mulher. Você redescobre o prazer de namorar! Namorar jovens senhores. [*maliciosa*] Às vezes nem tão jovens, às vezes nem tão senhores...

PEDRO PAULO:
Você tá falando daquele ridículo... [*para Pepê*] Teve uma época que, pra aparecer, ela resolveu desfilar com um ridículo de um adolescente, tinha idade pra ser nosso filho, um tal de Lincoln!

MARIA HELENA:
[*corrige*] Kennedy.

PEDRO PAULO:
Sei lá qual era o presidente!

MARIA HELENA:
Ah, os homens mais jovens...!

Convencido, Pepê ameaça ir em direção a ela, mas tem a passagem interditada por Pedro Paulo.

MARIA HELENA:
"A pronta-entrega de um zero-quilômetro com a supervalorização do seu usado!"[*ri*] E quando você quer ficar sozinha, é só colocar eles pra fora! Nada de perder tempo inventando desculpas, mentiras, dores de cabeça! "Hoje eu gostaria que você fosse embora." Pronto. Simples assim. Ai, como é bom namorar aos 70 anos, meu Deus! E naqueles dias em que você não tá com paciência pra ninguém — que acontece bastante, aliás —, é só você abrir a gaveta da mesinha de cabeceira e se divertir com os seus brinquedinhos... não reclamam e não roncam! [*implica com Pedro Paulo*] Sozinha no quarto, ligando e desligando o ar-condicionado, quando der "na veneta". Um sonho. E quando você menos espera, descobre que tá apaixonada por uma mulher.

Todos estranham.

LENINHA:
Quê?!!

MARIA HELENA:
[*se divertindo*] Por mim, sua boba! Você se apaixona por mim!

Pepê encara Pedro Paulo com um olhar inquisidor.

PEDRO PAULO:
Neeeem me olha! Com a gente é diferente... Digamos que você não tá no melhor da sua forma. Primeiro você vira uma "caneta-tinteiro": só funciona quando molha o bico. Depois piora. A cabeça não acompanha. E quando a cabeça não acompanha... não sobe. Acontece com todo homem: tem os que não sobem e tem os que mentem.

PEPÊ:
Comigo não é assim.

PEDRO PAULO:
Mas vai ser. Você tem problema cardíaco, não pode tomar Viagra...

PEPÊ:
[*perdido*] Tomar o quê...?

PEDRO PAULO:
Você vai entender. Um dia. Você vai ficar cansado...

PEPÊ:
Eu já tô cansado.

PEDRO PAULO:
Ih, você ainda não viu nada... você tá "pré-cansado". Cansado meeeesmo você fica daqui a uns 20 anos. E as pessoas notam o seu cansaço. Você só ganha meia. No Natal, no Dia dos Pais, no aniversário: meia. É meia pra circulação, meia social azul-marinho, meia felpuda de ficar em casa!

PEPÊ:
Eu odeio meia felpuda de ficar em casa!

PEDRO PAULO:

Prepare-se! Você vai ganhar muuuita meia felpuda de ficar em casa! E você vai ficar em casa! Assim: de pijama! Isso não é uma fantasia, é uma premonição! [*por um instante pesa o tom, reflexivo*] Ter tempo livre dá medo. Você vai ficar em casa muito mais do que gostaria.

PEPÊ:

Isso nunca vai acontecer! Eu tenho milhões de amigos!

PEDRO PAULO:

Eles começam a morrer. Você vai a mais velórios do que gostaria. Você até pensa em se cuidar, perder a barriga, mas depois entende que não pode perder mais nada. Você se acha imortal, né, garoto? Quando a gente é jovem só quem morre são os outros. Na sua idade, acordar é um direito. Já eu, acordo e digo: ainda tô aqui. Ganhei outro dia. Quem sabe um dia inteiro, se tiver sorte. Prepare-se: você vai começar a perder pessoas, a contar seus mortos. E os vivos... bom, os vivos se esquecem de você. E o esquecimento é pior do que a morte. Você vai se sentir sozinho.

PEPÊ:

Eu já me sinto sozinho.

PEDRO PAULO:

Você vai descobrir que por mais triste que seja o hoje, amanhã você vai se lembrar dele com saudade. E são muitos "amanhãs". Você vai se sentir tão sozinho que você vai abrir um grupo de WhatsApp com você mesmo. E você vai ficar deprimido porque nem você se responde. Mas depois... depois você entende que não é mais o responsável pela felicidade de ninguém!

PEPÊ:
Que merda...

PEDRO PAULO:
Não! É um alívio! Você para de confundir vulnerabilidade com fraqueza. Aquele menino que não podia receber um abraço — porque afeto é coisa de "mulherzinha"! —, que apanhava na escola e era incentivado a bater de volta: "Seja macho! Dê o troco! Engole o choro!"... Aquele menino finalmente pode chorar! Você se permite chorar! Você pode ser vulnerável sem medo. Você não precisa mais fingir que quer fazer sexo o tempo todo, você nunca quis!, você não tem que provar mais nada pra ninguém!

PEPÊ:
E nós dois... nós nunca mais... Nunca mais...?!

Maria Helena empurra a culpa para Pepê e Leninha.

MARIA HELENA:
Vocês têm uma recaída.

PEDRO PAULO:
[*corrige*] *Nós* temos recaídas! Algumas! Mas você não chamava de recaída, né, Maria Helena? Você chamava de saudade!

MARIA HELENA:
Eu vou sentir saudade de quê, Pedro Paulo? Da sua apneia? [*ronca alto*] Custa dormir de lado, custa?! [*cede, um pouco sonsa*] Eu posso, algum dia, ter falado uma coisa ou outra... É o gim.

LENINHA:
Eu não bebo gim!

MARIA HELENA:
Mas vai beber. Seu paladar mudou, suas papilas mudaram, tudo mudou. Modéstia à parte, você fica uma mulher bem interessante! Tanta coisa que você não suportava e agora você adora: gim, Veneza, Shakespeare...

PEDRO PAULO:
Depois das "recaídas" você sempre falava que queria voltar...

MARIA HELENA:
Pra casa, Pedro Paulo! Voltar pra *minha* casa!

PEDRO PAULO:
Como é que você ficou tão implicante, Maria Helena?!

MARIA HELENA:
Eu tive um bom professor...

PEDRO PAULO:
Você falava que tinha vontade...

MARIA HELENA:
... Vontade dá e passa! Às vezes a pessoa acorda cheia de vontade de correr, vê que tá chovendo e volta pra cama. Vontade é assim. Coisa chata homem romântico, Pedro Paulo!... Eram gostosas, sim. As recaídas. Tinham seu valor. Não ter que explicar nada, tudo entendido, tudo sabido.

PEDRO PAULO:
Transar com ex é como pegar uma estrada conhecida: você pode dirigir de olhos fechados.

MARIA HELENA:
[*implica, dá uma indireta*] Quando você não capota, né, Pedro Paulo?... Eu não sinto saudade nenhuma do seu jeito... Você sofre

de anorexia: anorexia de delicadeza! [*muda o tom*] Mas depois... depois você jogou no lixo qualquer chance de reconciliação...

PEPÊ:
O que foi que ele fez?

PEDRO PAULO:
Você casou de novo.

PEPÊ:
Eu?!

LENINHA:
[*tapa os ouvidos*] Eu não quero saber!

PEPÊ:
[*para Pedro Paulo*] Imbecil!

PEDRO PAULO:
Elas seguiram com a vida delas, eu achei *que a gente* devia seguir com a nossa!

PEPÊ:
Que grande ideia!

LENINHA:
Eu não acredito, Pepê... eu não acredito que você vai fazer isso comigo!

PEPÊ:
Nem eu!

MARIA HELENA:
Ai, Pedro Paulo, na sua idade você não precisava de uma esposa, precisava de uma enfermeira!

PEDRO PAULO:
[*cínico, empurrando a culpa*] Isso é culpa dele! Assuma os seus atos, rapaz! Pelo menos uma vez na vida: assuma os seus atos!

PEPÊ:
Meus?!

Leninha pega as flores que estão no vaso e dá uma surra nele: pétalas pra tudo que é lado.

PEPÊ:
Meu amor, quem casou de novo foi ele, não fui eu! [*lamenta*] Olha aí... As flores que eu te dei!

PEDRO PAULO:
Deu. Mas não comprou. [*entrega, num tiro*] Ele roubou as flores da recepção!

Leninha bate mais.

PEDRO PAULO:
Quer saber? Eu tô cansado de tentar te defender! Um periquito é capaz de aprender 250 palavras e você aí, se achando grandes coisas só porque fez uma assinatura de vinho e recebe em casa três Malbecs ruins por mês, porra! [*põe pilha em Leninha*] Senta o couro nele!

Leninha bate mais, mas é controlada por Maria Helena.

MARIA HELENA:
Não, não, não se preocupe, meu bem. Tá tudo bem. [*ela tem uma crise de riso*] A mocinha com quem ele vai se casar... Ai, meu Deus do céu... Uma menina que ele conhece — imagina só — na academia! [*e ri mais*]

PEPÊ:
A única vez que você põe os pés na academia é pra fazer essa cagada?!

Pedro Paulo se envergonha.

MARIA HELENA:
Uma fedelha...

PEDRO PAULO:
... A fedelha tem nome: Lau!

PEPÊ:
[*sutilmente interessado*] Lau...

MARIA HELENA:
Laudineia! Uma loira com três dedos de raiz preta, com idade pra ser neta dele. Ela o convence a colocar piercing, a fazer a sobrancelha... você fez a sobrancelha, Pedro Paulo! Faltou um tantinho assim pra harmonização facial! Se não fosse o Júnior interceder, eles tinham feito uma tatuagem, sabe aquela tatuagem que casal faz igual? Uma flecha aqui no pulso escrito "Love Forever". A menina é uma pobre coitada de uma influencer...

LENINHA:
Uma o quê?!

MARIA HELENA:
É uma relação tão medíocre que você tem pena dela, tem pena dele — mais dela do que dele. Antes que você consiga pensar em sentir ciúme, o "Love Forever" deles acaba.

Pepê se vira para Pedro Paulo, como quem cobra explicações. Pedro Paulo, envergonhado, dá satisfação a Pepê.

PEDRO PAULO:
A Lau "dá umas pedaladas" com o Carlão...

PEPÊ:
Carlão?!

PEDRO PAULO:
O professor de *spinning*.

PEPÊ:
Corno!

PEDRO PAULO:
Quem manda você não fazer musculação?

PEPÊ:
Todas as mulheres me largam, é isso?! Elas são assim! Falsas! Ponta firme mesmo, só a mamãe. Como é que ela tá?

Pedro Paulo engole em seco.

MARIA HELENA:
Gargalhando...

PEPÊ:
Bom, pelo menos alguém tá se divertindo...

MARIA HELENA:
Morreu gargalhando.

Pepê se choca.

MARIA HELENA:
Passou meses sem abrir a boca, de repente foi rir de não sei o quê, engasgou com um pedaço de... de que mesmo, Pedro Paulo? Bom, não foi nada engraçado. [*para Leninha*] Foi no seu aniversário! Até no *nosso* dia ela quis chamar atenção.

LENINHA:
Vaca.

Pedro Paulo e Pepê se surpreendem.

MARIA HELENA:
Lembra no casamento? Você entrando na igreja e a cara de nojo que ela fazia pra você do altar?

LENINHA:
Tem como esquecer? Tão amarga que a gente chamava ela de Vonau.

Maria Helena ri, depois pede silêncio com o dedo indicador sobre a boca, como se esse fosse um segredo só delas.

MARIA HELENA:
Ssshhhh! Pois é. Ela nunca gostou de você, da gente. Lembra daquela riviera de brilhantes...?

LENINHA:
Claro!!!

MARIA HELENA:
Esquece. Nem uma joia de família ela deixou. Preferiu botar tudo no prego antes de morrer. Velha sovina.

LENINHA:
Vaca!

MARIA HELENA:
Foi *polpetone*! Também, comia que nem uma esganada, sempre a primeira da mesa a acabar. E você, Pedro Paulo, nem nota, mas tá indo pelo mesmo caminho... Abre o olho.

PEDRO PAULO:
[*para Pepê, reflexivo*] A mamãe morre e você pensa que, pela lógica, você é o próximo. Mas depois você lembra que a vida já te ensinou que não tem lógica. A vida é o que é. Primeiro foi a fotofobia. O apartamento dela sempre às escuras: uma caverna de morcego. Depois, a labirintite, os tombos pela casa. Sai o diagnóstico: é neurológico. Você tenta deixar tudo o mais organizado possível pra ela, mas quando você vira as costas, ela demite as cuidadoras. Diz que elas estão roubando tudo: os laliques, os chocolates, os santos do altar. E você tendo que administrar esse salseiro, sem saber em quem confiar. Depois... depois ela vai parando de falar. Ela não reconhece mais as coisas: passa Kolynos na assadura e escova os dentes com Hipoglós. Ela come o biscoito do cachorro achando que

é "goiabinha". Mas a mamãe come com tanto prazer que você não tem coragem de proibir. Ela decide pôr um ponto final naquilo, enche a mão de comprimidos e engole tudo de uma vez. Mas ela confunde o Vallium com o Imosec. Ela não morre, mas fica uma semana sem ir ao banheiro. Mas depois sim, um tempo depois ela morre. Pele e osso. E você herda uma dívida monumental.

PEPÊ:
Puta que o pariu!

PEDRO PAULO:
Pois é... A vida e os seus mistérios. Eu sinto tanta falta da nossa mãe.

Pepê baqueado, Pedro Paulo o consola.

MARIA HELENA:
Aquela mulher era insuportável.

LENINHA:
Ela sempre preferiu o seu irmão. Você nunca ganhou a primeira fatia do bolo, tô mentindo?

PEDRO PAULO:
Quer um conselho?

PEPÊ:
Não.

PEDRO PAULO:
Mas eu vou dar mesmo assim: levanta essa cabeça, rapaz. Tá tudo bem. Dentro do possível, salvam-se todos.

PEPÊ:
Quem disse?

PEDRO PAULO:
O seu melhor amigo.

PEPÊ:
O Celso? O Celso é um chato!

PEDRO PAULO:
Não. Eu.

PEPÊ:
Você pensa que é muito melhor do que eu... Mas não é! Você pode não se lembrar, mas eu sou um cara legal! Você não me conhece! Eu não te conheço!

PEDRO PAULO:
[*sarcástico, ri*] Não, não conhece, não... [*debocha*] "Ah, meu Deus, que novidade! Quem é esse?" Ah, faça-me o favor! Você acha o quê? Que nunca me viu? Você teve *flashes* de mim a vida inteira! Mas você fugia de pensar em mim, pensar em você na minha idade! Por quê? Do que é que você tinha tanto medo em mim? Que foi, tá frustrado? Não gostou do que tá vendo? Parabéns: eu sou o resultado das suas escolhas!

PEPÊ:
Eu não sou uma nota de rodapé na história da sua vida!

PEDRO PAULO:
Não. Você é só o prefácio.

PEPÊ:
Você acha o quê?! Que sabe tudo? Que tem o gabarito da minha vida?

PEDRO PAULO:
Você faz terapia, rapaz. [*olha para as duas*] Escondido, mas faz. Você aprende a falar do que sente, a expor teus afetos, tuas dores. [*muda o tom, terno*] Tem uma multidão aí dentro. E você visita cada um deles. O que flagrou a mãe transando com o porteiro na garagem — ela sabe que você viu, ela não queria, mas você viu —, e ela morre sem saber como lidar com isso.

PEPÊ:
O que fazia xixi na cama? O que tomou dois pontos no joelho aprendendo a andar de bicicleta? O que foi esquecido na porta da escola?

PEDRO PAULO:
[*confirma*] O que foi esquecido na porta da escola com 5 anos.

PEPÊ:
E o que foi obrigado a perder a virgindade com uma garota de programa.

PEDRO PAULO:
E o que carregou o caixão do próprio filho. São muitos. [*leva a mão ao peito*] Estão todos aqui. E estão todos aí também. Já passou da hora de você começar a abraçar cada um deles.

Pedro Paulo abre os braços para Pepê, mas ele não cede.

PEPÊ:
Eu não sei do que você tá falando!

PEDRO PAULO:
Eu sei que você sabe. E não há nada mais poderoso do que se conhecer.

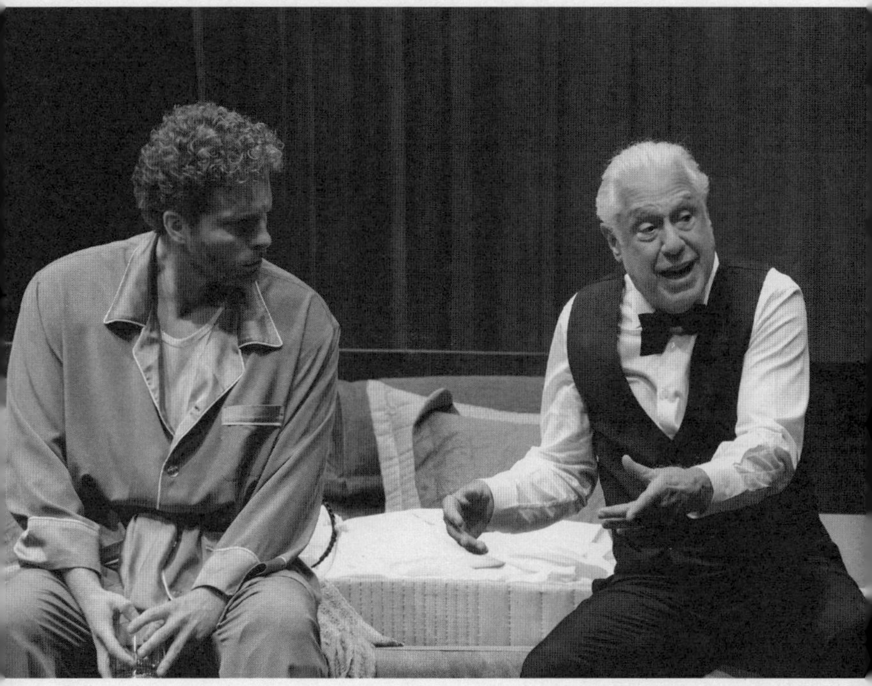

PEPÊ:
Eu não quero falar sobre isso! Eu quero enterrar todos esses passados!

PEDRO PAULO:
O passado dura muito tempo, rapaz. Você sempre vai voltar a ele. Mas agora com um novo olhar: mais generoso. Cada revés que você sofreu na vida te fez mais forte. Você aprende, a duras penas, as lições que só os fracassos dão.

PEPÊ:
Eu ouço vocês falando da minha vida e ela parece um baralho desfalcado!

PEDRO PAULO:
Se a vida é um baralho desfalcado, aprende gamão: também é uma forma de jogar.

PEPÊ:
Eu não acredito! O *meu* futuro *me* condena, é isso?

PEDRO PAULO:
[*irônico*] Ué, não é você quem sempre empurra tudo para o futuro?! Passando cheque pré-datado a torto e a direito. Como é que você fala?

PEPÊ:
"O Pepê do mês que vem que lute pra pagar, não sei se mês que vem eu vou estar vivo..."

PEDRO PAULO:
E você estava! E tinha que pagar! Você não entendeu ainda? O futuro não te condena. Ao contrário! Ele te liberta, rapaz! Ganhar idade não é uma doença, é um... segundo ato.

PEPÊ:
[*corrige*] Terceiro.

PEDRO PAULO:
Ok, terceiro.

PEPÊ:
[*enfático*] Eu sei quem eu sou e eu sei aonde eu quero chegar. Eu me preparei. A vida me deve. Eu vou vencer na vida!

PEDRO PAULO:
[*ri*] "Vencer na vida"... Você achou que estava garantido. Deixa eu te contar uma coisinha: ninguém tá garantido. Simplesmente porque não há garantias. O inesperado se impõe. E pra não afundar, você trata de aceitar as surpresas da vida. Não falei da dívida monumental que você herdou da mamãe?

PEPÊ:
Falou...

PEDRO PAULO:
É mentira! Tá vendo como a vida surpreende?!

Pepê respira aliviado, esboça um sorriso, Pedro Paulo se diverte.

PEDRO PAULO:
Você aprende a lidar com o inevitável: há coisas que estão fora do seu controle.

PEPÊ:
Quais?

PEDRO PAULO:
Todas. E isso é bom. Pra além do fato de que você melhora! Como ser humano e como homem. Você fica mais humilde. Mais sensível. Você permite se emocionar e, diferente do que os seus amigos dizem, não tem nada de "viadinho" nisso. Olha pra você: você é tão galinha que dá pra fazer uma canja, garoto! Você aprende que mulher não é um fantoche, que você pode ir entrando com os cinco dedos. Você toma consciência das merdas que fez. Não se anima, não, você não vira santo. Mas agora você tem entendimento. É um começo. O que eu quero dizer é que pode não parecer, mas o tempo é seu aliado. Você para de esperar que te aplaudam só porque você lavou um copo. O *seu* próprio copo.

PEPÊ:
[*quase envergonhado*] Eu não gosto de lavar louça.

PEDRO PAULO:
Mas vai lavar. Muita. E vai aprender a gostar. Mudar pode ser assustador, sim, mas não mudar também. E o melhor desse caminho é descobrir, dia após dia, uma coisa que ninguém pode tirar: você foi, sim, um marido de merda, mas, na medida do possível, você é um ótimo pai!

Pepê começa a se animar.

PEDRO PAULO:
As crianças te visitam, elas têm prazer na tua companhia, idolatram você e você também é completamente apaixonado por elas.

PEPÊ:
[*orgulhoso, sorri*] Eu sou, sim.

PEDRO PAULO:
Você nem liga quando elas pegam aqueles vinhos de merda pra fazer sangria.

Eles riem.

PEDRO PAULO:
Elas enxergam em você um ponto de confiança, confiança que elas não têm em mais ninguém — e isso não tem preço. Lembra disso quando você sentir saudades de mim.

Eles trocam um abraço sincero.

Maria Helena observa os dois de um modo diferente, terna, tocada pela própria história vivida há 30 anos.

MARIA HELENA:
Vocês tinham razão: não nublou. [*repete*] Deitados na rede em Itacaré, vendo o dia escurecer, a lua nascer no mar, a brisa, o céu limpo, lotado de estrelas... Só nós e as estrelas. Ele tocando violão...

PEPÊ e LENINHA:
[*corrigem baixinho*] É ukulelê...

Luzes mudam. O palco é dominado por um céu de estrelas.

MARIA HELENA:
Ele achou um trevo, um trevo de três folhas, me olhou nos olhos e disse...

PEDRO PAULO:
[*doce*] "É você quem completa a minha sorte."

MARIA HELENA:
[*repete, também doce*] "É você quem completa a minha sorte." Eu queria tanto saber onde foi parar esse trevo... [*ela olha para Leninha e Pepê e em seguida para Pedro Paulo*] Quanto tempo a gente passou aqui dentro?

PEDRO PAULO:
[*terno*] Trinta anos.

Ela cede um sorriso cúmplice para ele. Pela primeira vez eles se chamam pelo apelido.

MARIA HELENA:
A gente tem que ir embora. Quer carona, *Pepê*?

PEDRO PAULO:
Aceito, *Leninha*.

MARIA HELENA:
Então vamos. [*repete*] Vamos, que eu tenho um presentinho pra você...

PEDRO PAULO:
Opa!

Pedro Paulo se anima, mas...

MARIA HELENA:
Meias. [*eles sorriem, em seguida ela repete*] Vambora, que eu já tô por aqui com essa moda jeca de dar festa em resort. É uma deselegância obrigar os outros a dormir fora de casa. Pra que cama de hotel, se eu tenho a melhor cama do mundo na minha casa?

PEDRO PAULO:
[*charmoso*] Você fala tanto, que eu já tô louco pra conhecer essa cama...

Maria Helena faz um carinho no rosto dele, mas...

MARIA HELENA:
Deus me livre!

Eles sorriem um para o outro.

MARIA HELENA:
Você tinha razão. O bacalhau da Luli estava espetacular. Desculpa.

Pedro Paulo, Maria Helena e Leninha se encaminham para a porta.

Pepê fica e pega a aliança. Momento de suspensão.

PEPÊ:
Você viu o que vem por aí. Eu acho que a gente devia tentar, pelo menos tentar, fazer diferente. Topa?

LENINHA:
[*para Pepê*] Topo. Mas... para o nosso futuro dar certo, antes a gente vai ter que conversar sobre realização. A *minha* realização. Topa?

PEPÊ:
Topo.

Pepê põe a aliança de novo no dedo. É importante que, neste momento, Maria Helena já tenha tirado os brincos das orelhas sem que o público perceba.

Maria Helena leva as mãos às orelhas. Susto.

MARIA HELENA:
[*surpresa*] Meus brincos... meus brincos sumiram!

Ela nota que está sem os brincos. Em seguida, troca um sorriso discreto com Pedro Paulo.

MARIA HELENA:
[*responde à pergunta prévia de Leninha*] Você me perguntou, eu te respondo: envelhecer não é "*só*" isso. Você envelhece, mas pode dizer isso sem que seja uma crítica, mas, sim, um orgulho: você conquistou a maturidade, ela é sua. Envelhecer é essa sensação de dever cumprido com o passado, mas sem perder a curiosidade pelo futuro.

PEDRO PAULO:
É uma boa "tiuría".

Eles sorriem.

PEPÊ:
[*para Leninha*] Acho melhor a gente ir. A nossa estrada é longa.

MARIA HELENA:
Tchau, querida. Até breve.

Maria Helena abraça carinhosamente Leninha.

LENINHA:
Eu acho que tô começando a me apaixonar por uma mulher. Um mulherão. Obrigada. Ah! Procura no álbum do nosso casamento. Foi lá que eu guardei o trevo de três folhas.

Maria Helena se lembra e sorri, agradecida.

MARIA HELENA:
A vida passa tão depressa. Vocês têm o melhor a seu favor: o tempo. Não desperdicem.

PEPÊ:
[*para Pedro Paulo*] Tem mais alguma coisa que você queira me dizer?

PEDRO PAULO:
[*para Pepê*] Desculpa. Ah, só mais uma coisa: "Cuida dela enquanto houver amor."

Os quatro, finalmente, se encaminham para a porta no fundo do palco: Pepê e Leninha de mãos dadas. Pedro Paulo e Maria Helena também.

Blackout.

FIM

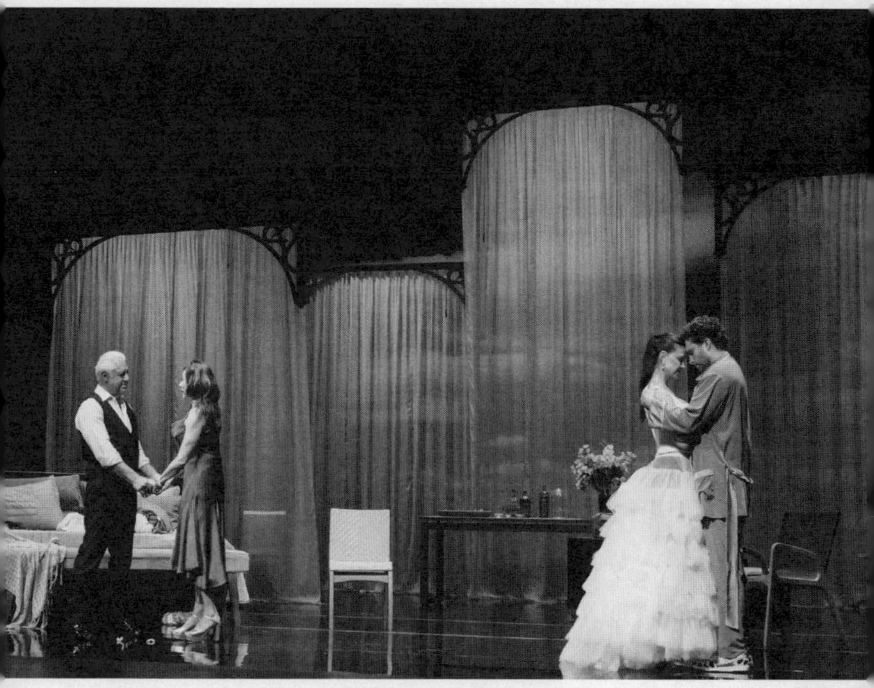

CIP-BRASIL. CATALOGAÇÃO NA PUBLICAÇÃO
SINDICATO NACIONAL DOS EDITORES DE LIVROS, RJ

P719d

Pinheiro, Gustavo

Dois de nós / Gustavo Pinheiro. - 1. ed. - Rio de Janeiro : Cobogó, 2024.

136 p. ; 19 cm. (Dramaturgia)

ISBN 978-65-5691-153-3

1. Teatro brasileiro (Literatura). I. Título. II. Série.

24-94454   CDD: 869.2
               CDU: 82-2(81)

Meri Gleice Rodrigues de Souza - Bibliotecária - CRB-7/6439

© Editora de Livros Cobogó, 2024

Editora-chefe
Isabel Diegues

Editora
Aïcha Barat

Coordenação de produção
Melina Bial

Assistente de produção
Priscilla Kern

Revisão final
Eduardo Carneiro

Projeto gráfico de miolo e diagramação
Mari Taboada

Capa
Ruan Oliveira

Fotos de cena
Renata Casagrande

A opinião dos autores deste livro não reflete necessariamente a opinião da Editora Cobogó.

Nenhuma parte desta obra pode ser reproduzida, adaptada, encenada, registrada em imagem e/ou som, ou transmitida de nenhuma forma ou por nenhum meio, sem a permissão expressa e por escrito da Editora Cobogó.

Todos os direitos reservados à
Editora de Livros Cobogó Ltda.
Rua Gen. Dionísio, 53, Humaitá
Rio de Janeiro – RJ – Brasil – 22271-050
www.cobogo.com.br

COLEÇÃO DRAMATURGIA

ALGUÉM ACABA DE MORRER LÁ FORA, de Jô Bilac

NINGUÉM FALOU QUE SERIA FÁCIL, de Felipe Rocha

TRABALHOS DE AMORES QUASE PERDIDOS, de Pedro Brício

NEM UM DIA SE PASSA SEM NOTÍCIAS SUAS, de Daniela Pereira de Carvalho

OS ESTONIANOS, de Julia Spadaccini

PONTO DE FUGA, de Rodrigo Nogueira

POR ELISE, de Grace Passô

MARCHA PARA ZENTURO, de Grace Passô

AMORES SURDOS, de Grace Passô

CONGRESSO INTERNACIONAL DO MEDO, de Grace Passô

A PRIMEIRA VISTA | IN ON IT, de Daniel MacIvor

INCÊNDIOS, de Wajdi Mouawad

CINE MONSTRO, de Daniel MacIvor

CONSELHO DE CLASSE, de Jô Bilac

CARA DE CAVALO, de Pedro Kosovski

GARRAS CURVAS E UM CANTO SEDUTOR, de Daniele Avila Small

OS MAMUTES, de Jô Bilac

INFÂNCIA, TIROS E PLUMAS, de Jô Bilac

NEM MESMO TODO O OCEANO, adaptação de Inez Viana do romance de Alcione Araújo

NÔMADES, de Marcio Abreu e Patrick Pessoa

CARANGUEJO OVERDRIVE, de Pedro Kosovski

BR-TRANS, de Silvero Pereira

KRUM, de Hanoch Levin

MARÉ/PROJETO BRASIL, de Marcio Abreu

AS PALAVRAS E AS COISAS, de Pedro Brício

MATA TEU PAI, de Grace Passô

ÃRRÃ, de Vinicius Calderoni

JANIS, de Diogo Liberano

NÃO NEM NADA, de Vinicius Calderoni

CHORUME, de Vinicius Calderoni

GUANABARA CANIBAL, de Pedro Kosovski

TOM NA FAZENDA, de Michel Marc Bouchard

OS ARQUEÓLOGOS, de Vinicius Calderoni

ESCUTA!, de Francisco Ohana

ROSE, de Cecilia Ripoll

O ENIGMA DO BOM DIA, de Olga Almeida

A ÚLTIMA PEÇA, de Inez Viana

BURAQUINHOS OU O VENTO É INIMIGO DO PICUMÃ, de Jhonny Salaberg

PASSARINHO, de Ana Kutner

INSETOS, de Jô Bilac

A TROPA, de Gustavo Pinheiro

A GARAGEM, de Felipe Haiut

SILÊNCIO.DOC,
de Marcelo Varzea

PRETO, de Grace Passô,
Marcio Abreu e Nadja Naira

MARTA, ROSA E JOÃO,
de Malu Galli

MATO CHEIO, de Carcaça
de Poéticas Negras

YELLOW BASTARD,
de Diogo Liberano

SINFONIA SONHO,
de Diogo Liberano

SÓ PERCEBO QUE ESTOU
CORRENDO QUANDO VEJO QUE
ESTOU CAINDO, de Lane Lopes

SAIA, de Marcéli Torquato

DESCULPE O TRANSTORNO,
de Jonatan Magella

TUKANKÁTON + O TERCEIRO
SINAL, de Otávio Frias Filho

SUELEN NARA IAN,
de Luisa Arraes

SÍSIFO, de Gregorio Duvivier
e Vinicius Calderoni

HOJE NÃO SAIO DAQUI,
de Cia Marginal e Jô Bilac

PARTO PAVILHÃO,
de Jhonny Salaberg

A MULHER ARRASTADA,
de Diones Camargo

CÉREBRO_CORAÇÃO,
de Mariana Lima

O DEBATE, de Guel Arraes
e Jorge Furtado

BICHOS DANÇANTES,
de Alex Neoral

A ÁRVORE, de Silvia Gomez

CÃO GELADO, de Filipe Isensee

PRA ONDE QUER QUE EU
VÁ SERÁ EXÍLIO,
de Suzana Velasco

DAS DORES, de Marcos Bassini

VOZES FEMININAS — NÃO EU,
PASSOS, CADÊNCIA,
de Samuel Beckett

PLAY BECKETT — UMA PANTOMIMA
E TRÊS DRAMATÍCULOS (ATO SEM
PALAVRAS II | COMÉDIA/PLAY |
CATÁSTROFE | IMPROVISO DE OHIO),
de Samuel Beckett

MACACOS — MONÓLOGO
EM 9 EPISÓDIOS E I ATO,
de Clayton Nascimento

A LISTA, de Gustavo Pinheiro

SEM PALAVRAS, de Marcio Abreu

CRUCIAL DOIS UM, de Paulo Scott

MUSEU NACIONAL
[TODAS AS VOZES DO FOGO],
de Vinicius Calderoni

KING KONG FRAN
de Rafaela Azevedo e Pedro Brício

PARTIDA, de Inez Viana

AS LÁGRIMAS AMARGAS
DE PETRA VON KANT,
de Rainer Werner Fassbinder

AZIRA'I — UM MUSICAL DE
MEMÓRIAS, de Zahỳ Tentehar
e Duda Rios

SELVAGEM, de Felipe Haiut

COLEÇÃO DRAMATURGIA ESPANHOLA

A PAZ PERPÉTUA, de Juan Mayorga | Tradução Aderbal Freire-Filho

ATRA BÍLIS, de Laila Ripoll | Tradução Hugo Rodas

CACHORRO MORTO NA LAVANDERIA: OS FORTES, de Angélica Liddell | Tradução Beatriz Sayad

CLIFF (PRECIPÍCIO), de José Alberto Conejero | Tradução Fernando Yamamoto

DENTRO DA TERRA, de Paco Bezerra | Tradução Roberto Alvim

MÜNCHAUSEN, de Lucía Vilanova | Tradução Pedro Brício

NN12, de Gracia Morales | Tradução Gilberto Gawronski

O PRINCÍPIO DE ARQUIMEDES, de Josep Maria Miró i Coromina Tradução Luís Artur Nunes

OS CORPOS PERDIDOS, de José Manuel Mora | Tradução Cibele Forjaz

APRÈS MOI, LE DÉLUGE (DEPOIS DE MIM, O DILÚVIO), de Lluïsa Cunillé | Tradução Marcio Meirelles

COLEÇÃO DRAMATURGIA FRANCESA

É A VIDA, de Mohamed El Khatib | Tradução Gabriel F.

FIZ BEM?, de Pauline Sales | Tradução Pedro Kosovski

ONDE E QUANDO NÓS MORREMOS, de Riad Gahmi | Tradução Grupo Carmin

PULVERIZADOS, de Alexandra Badea | Tradução Marcio Abreu

EU CARREGUEI MEU PAI SOBRE MEUS OMBROS, de Fabrice Melquiot | Tradução Alexandre Dal Farra

HOMENS QUE CAEM, de Marion Aubert | Tradução Renato Forin Jr.

PUNHOS, de Pauline Peyrade | Tradução Grace Passô

QUEIMADURAS, de Hubert Colas | Tradução Jezebel De Carli

COLEÇÃO DRAMATURGIA HOLANDESA

EU NÃO VOU FAZER MEDEIA, de Magne van den Berg | Tradução Jonathan Andrade

RESSACA DE PALAVRAS, de Frank Siera | Tradução Cris Larin

PLANETA TUDO, de Esther Gerritsen | Tradução Ivam Cabral e Rodolfo García Vázquez

NO CANAL À ESQUERDA, de Alex van Warmerdam | Tradução Giovana Soar

A NAÇÃO — UMA PEÇA EM SEIS EPISÓDIOS, de Eric de Vroedt | Tradução Newton Moreno

2024

———————

1ª impressão

Este livro foi composto em Calluna.
Impresso pela IMOS Gráfica e Editora,
sobre papel Pólen Natural 80g/m².